Rosângela Pedralli
Amanda Machado Chraim
Aline Cassol Daga Cavalheiro
Sabatha Catoia Dias
(ORGANIZADORAS)

A LEITURA COMO DIREITO E A FORMAÇÃO DA CONSCIÊNCIA

PROPOSIÇÕES ENSAÍSTICAS PARA O TRABALHO EDUCATIVO

CAPES
mórula EDITORIAL

REVISÃO
Marilia Pereira

FOTO (CAPA)
Philipe Gabriel
(philipe.gabriel.ph@gmail.com)

CIP-BRASIL. CATALOGAÇÃO NA PUBLICAÇÃO
SINDICATO NACIONAL DOS EDITORES DE LIVROS, RJ
Elaborado por Gabriela Faray Ferreira Lopes — CRB 7/6643

L557

A leitura como direito e a formação da consciência: proposições ensaísticas para o trabalho educativo / organização Rosângela Pedralli... [et al.]. – 1. ed. – Rio de Janeiro: Mórula, 2024.
224 p. ; 21 cm.

Inclui bibliografia
ISBN 978-65-6128-026-6

1. Educação – Leitura. 2. Linguística Aplicada. I. Pedralli, Rosângela.

24-91537 CDD: 418
CDU: 81'33

Rua Teotônio Regadas 26 sala 904
20021_360 _ Lapa _ Rio de Janeiro _ RJ
www.morula.com.br _ contato@morula.com.br
morulaeditorial morula_editorial

SUMÁRIO

APRESENTAÇÃO

UM LIVRO É UMA HISTÓRIA ESCONDIDA

AMANDA MACHADO CHRAIM
ALINE CASSOL DAGA CAVALHEIRO
ROSÂNGELA PEDRALLI
SABATHA CATOIA DIAS

Se cada obra é movida por uma história ao fundo, este livro se coloca assim, trazendo à tona tudo o que aparece em meio às reflexões filosóficas e teóricas realizadas, e também o que é do processo talvez pouco celebrado em uma esfera como a acadêmica, em que na maior parte do tempo o pensamento se parece solitário.

Este compilado de capítulos é organizado por quatro autoras que, ao longo de mais de dez anos, têm mantido na explicitude do processo de trabalho a coletividade que é parte inexorável da vida humana. Esta organização é marcada, também, pelas modificações — os saltos, os pulos — na forma e no conteúdo do nosso pensamento. Todas nós iniciamos a vida acadêmica em um mesmo momento histórico, partindo de uma perspectiva epistemológica com a qual, hoje, debatemos de maneira verticalmente problematizadora. Aprendemos, ao longo desta trajetória coletiva, que a crítica ou é radical ou é conciliadora, e que a conciliação leva necessariamente ao apaziguamento ou ao silenciamento das contradições sustentadoras da exploração humana. Há sempre uma opção diante disso, portanto, e tendo escolhido o pensamento pela perspectiva da radicalidade, o trabalho conjunto é necessidade primeira: sem isso, não é possível sustentar a reflexão que vai à raiz.

Tais constatações não se deram, é claro, de forma natural. Perfizemos, ao longo dos anos como estudantes e pesquisadoras de pós-graduação, um percurso que foi, de maneira incansável, sustentado teoricamente

— constantemente filiadas a um grupo de estudos, fizemos do estudar o imperador. Chegou-se, enfim, à emboscada: sem tratar dos fundamentos das teorias com as quais lidávamos, sucumbiríamos à superfície, em um nado de pouco fôlego contra a correnteza da "sociedade das ilusões".

Foi, assim, reconhecendo Lev Vigotski e Valentin Volóchinov como marxistas — e as suas traduções como distorcidas, retorcidas, se fazendo outra coisa, com o imperativo de serem apagadas as raízes —, que a história de nosso pensamento coletivo recomeçou. O destino, o reconhecimento das bases filosóficas daqueles autores, caminho sem volta. Descortinar, os saltos revolucionários do desenvolvimento sentidos na pele. Torna-se impossível tratar de qualquer tema sem a assunção de que fazer ciência é ato político, do fundo em direção à sua base, que leva ao fundo, já outro, o qual faz emergir à linha, agora outra também, dialética.

Filiadas à Linguística, um campo que, tradicionalmente, debate-se com os limites das teorias linguísticas em si mesmas, apreendemos as linhas de nossa área, a Linguística Aplicada, e encontramos as lacunas com que temos insistido lidar desde então, as quais estão fundamentalmente relacionadas a um mesmo aspecto: o ensino e a aprendizagem de linguagem, processos indissociáveis e fundamentais para o desenvolvimento humano, sendo explorados a partir de teorias linguísticas. As teorias pedagógicas, pois, têm ocupado nosso espaço de estudos e pesquisas, já que são elas — e seus fundamentos filosóficos — que elucidam a que se deve o processo educativo, no sentido de revelarem uma perspectiva de ser humano e, sobretudo, de sociedade. O compromisso político, dessa forma, perpassa necessariamente pelas lides conscientes e intencionais com o que é produzido no campo da Educação.

Na busca por explicitar a não homogeneidade de perspectivas no campo da Linguística Aplicada — e, mais especificamente, nas bases e proposições sobre educação em linguagem —, temos buscado contribuir com a ampliação e o adensamento do pensamento materialista histórico e dialético, sobretudo em vistas da formação de professores, também por meio da publicação de obras organizadas por nós, em nome do Grupo de Estudos e Pesquisas em Educação Linguística (Gepel), grupo interinstitucional vinculado à Universidade Federal de Santa Catarina e à

Universidade Federal do Rio Grande. Nesse sentido, outros dois livros foram publicados anteriormente a este, o primeiro tendo a alfabetização como foco ("Alfabetização e humanização: a apropriação inicial da escrita sob bases histórico-culturais") e o segundo a formação da consciência dos educadores ("O desenvolvimento da consciência na formação de professores: enfoque no trabalho escolar com língua").

Em relação à temática particular desta obra, tendo sido a leitura um objeto familiar e constante em nossos estudos, o qual nos acompanha nestes mais de dez anos de pesquisas, é parte nesse caminho cheio de curvas e vai e vens. Passamos a lidar com leitura de modo a dar tratamento às teorizações sobre esse processo, mas identificando os seus limites quando — porque não se considera ou porque se pensa impraticável a categoria da totalidade — deixam de lidar com as determinações históricas e culturais acerca da leitura. E entendemos que tais determinações são de fato colocadas em jogo somente quando as bases epistemológicas recebem acurado tratamento, sendo reveladas.

E é nessa história que sustentamos mais esta publicação, que tem no delineamento da exposição de suas ideias o caminho que entendemos apropriado e necessário para discussões dessa ordem: partindo dos fundamentos filosóficos nos primeiros capítulos, institui-se a base para as proposições teóricas e ensaísticas posteriores. No que podemos denominar como uma terceira parte da obra, damos destaque à literatura e ao seu ensino na educação escolar.

O grupo de autores que contribui para este trabalho merece também destaque neste enredo escondido, já que é constituído por pensadores de imensa importância para nosso percurso de estudos e pesquisas. Assim, além dos capítulos assinados por nós, as organizadoras — dentre os quais há um que conta com a participação de Larissa Malu dos Santos, pesquisadora participante do Gepel —, temos, primeiramente, a irretocável contribuição do professor Francisco Mazzeu, que produz as reflexões sobre as complexas relações entre a aprendizagem da língua escrita e o desenvolvimento do pensamento. Professor Mazzeu tem sido um interlocutor muito valioso para nosso grupo, com quem temos aprendido não somente acerca do conteúdo próprio das produções do materialismo histórico e dialético, mas também sobre a forma como as investigações teórico-filosóficas podem se desenovelar em vistas de uma exposição acurada e afiada. Francisco Mazzeu nos foi apresentado por outro autor deste livro, a quem devemos não só isso: Professor Newton Duarte.

Newton Duarte certa vez foi definido, quando apresentado para realizar uma das aulas abertas produzidas pelo Gepel, como "a porta de entrada para obras mais pesadas": foi este autor, junto a Dermeval Saviani, que nos convocou, por meio das suas obras provocadoras, a verticalizar nos estudos marxistas. Sua contribuição para a formação das educadoras e educadores de nosso grupo é imensurável, e a gentileza com que sempre atende aos nossos convites é de uma beleza sem tamanho.

Por fim, para o foco último da obra, a literatura, convidamos estudiosos que são referência neste âmbito: Júlia Studart e Manoel Ricardo de Lima, ambos do campo da literatura, para o qual mantêm relevância não somente no trato teórico, mas, talvez sobretudo, como escritores, porque radicalizam nas suas linhas aquelas que são as proposições das teorias com as quais lidam. Manoel foi professor das quatro organizadoras quando na época da graduação, e segue se fazendo presente como provocação para um pensamento livre — liberdade sempre explicitamente política, importa o destaque.

O último convidado desta obra, Celdon Fritzen, é um interlocutor muito interessante para nós, já que tem se debruçado sobre um objeto de grande relevância para nossos estudos, o lugar da literatura nas aulas de linguagem no Brasil. Por meio de análises dos documentos parametrizadores, embasadas na perspectiva dialética, Fritzen faz parte do grupo de pensadores que vem criticando sistemática e contundentemente a racionalização dos meios no cenário educacional, o que faz resultar no ainda maior encurtamento do ensino da leitura literária tal qual defendido pelo viés pedagógico crítico: um ensino que se volte para a emancipação dos indivíduos, o que só é possível por meio da formação da consciência histórica.

Eis, pois, o escondido que nos é tão caro quando se trata desta publicação. Registramos, como encerramento desta apresentação, nossos imensos agradecimentos aos autores que participam deste projeto; ao Programa de Excelência Acadêmica (PROEX) da Coordenação de Aperfeiçoamento de Pessoal de Nível Superior (CAPES), pelos recursos disponibilizados a esta publicação — Auxílio nº 0349/2021 / Processo nº 23038.008664/2021-28; aos colegas com quem temos compartilhado a trajetória exaustiva de propor o que é demonizado pela massa conservadora desta sociedade desenhada para pouquinhos; aos colegas de área que se abrem ao exercício do diálogo; e aos professores de linguagem da Educação Básica, a quem esperamos, diretamente ou indiretamente, trazer, por meio deste livro, alguma colaboração para a sua formação.

CAPÍTULO 1

O TRABALHO EDUCATIVO COM LEITURA SOB BASES ONTOLÓGICAS: DIALÉTICA ENTRE APROPRIAÇÃO E OBJETIVAÇÃO

AMANDA MACHADO CHRAIM
ROSÂNGELA PEDRALLI
SABATHA CATOIA DIAS
ALINE CASSOL DAGA CAVALHEIRO

Introdução

Os processos de ensino e aprendizagem que se voltam às especificidades da leitura estão certamente imbricados a considerações mais amplas acerca do trabalho pedagógico que vislumbra um determinado modelo de formação humana. Desse modo, torna-se um critério ético básico o desvelamento das bases epistemológicas a partir das quais se propõem os encaminhamentos teórico-metodológicos que têm como horizonte formar leitores, seja qual for o nível da educação formal em que estiverem inseridos. Isso se dá, sobretudo, porque, conforme afirma Kosik (1976 [1963], p. 33), entendemos que "[...] toda teoria do conhecimento se apoia, implícita ou explicitamente, sobre uma determinada teoria da realidade e pressupõe uma determinada concepção da realidade mesma".

Tendo sido esse o foco de nossa discussão em estudo anterior (Chraim; Pedralli; Catoia Dias, 2023), no qual verticalizamos a indissociabilidade entre os campos da ciência e da educação por meio da defesa de que os conhecimentos são produzidos e transmitidos na relação com suas raízes filosóficas — ainda que, em muitos casos, tal fato seja objeto de desconhecimento tanto de quem produz quanto de quem ensina os conhecimentos

—, no presente capítulo não nos ocuparemos em esmiuçar tal abordagem, ainda que ela se faça necessariamente presente ao fundo, de modo que nos voltaremos às reflexões sobre o ensino de leitura à luz da perspectiva ontológica do materialismo histórico e dialético.

Reconhecendo, no âmbito deste enfoque, o importante trabalho desenvolvido por pensadores vinculados à pedagogia histórico-crítica, sublinhamos o trabalho de Duarte (2008), no qual o autor tematiza justamente as relações entre ontologia e epistemologia para as reflexões filosóficas sobre o trabalho educativo. Nesse sentido, pretendemos, ao longo deste capítulo, "apoiando-nos sobre os ombros dos gigantes" que nos antecederam, colaborar com o adensamento do pensamento da área, agora centralizando a temática da leitura e da formação de leitores na escola, para a qual é indispensável um repertório filosófico que se ocupa com os fundamentos sobre o que sejam o sujeito e o objeto, considerando-se que ambos são históricos e que a relação entre eles é também da ordem da história (Duarte, 2008) e, portanto, da práxis. "O problema das relações entre sujeito e objeto, não só num sentido ontológico como também gnosiológico, tem que ser examinado à luz da práxis" (Vázquez, 1968, p. 143).

De partida, para isso, importa retomar o que é essencial para abordar tais relações, que é a capacidade humana de autoproduzir-se por meio da apropriação da natureza. A práxis original, pois, afirma Vázquez (1968, p. 131), é justamente a produção material, o trabalho humano, processo fundante da própria história, essa entendida como produção do ser humano por si mesmo. Em se considerando os conhecimentos sistematizados como aquilo que deve ser privilegiado como objeto de ensino pelas instâncias educativas, tais fundamentos filosóficos ganham ainda mais corpo para nós, já que, ainda de acordo com Vázquez (1968, p. 152), sob essa ótica, o objeto do conhecimento passa a ser abordado como "[...] produto da atividade humana, e como tal — não como mero objeto da contemplação — é conhecido pelo homem".

A linguagem escrita, conforme estabelece Vygotski (2014 [1934], p. 229), "[...] una función totalmente especial del lenguaje [...]", a qual exige um alto grau de abstração para o seu desenvolvimento, é certamente um dos instrumentos mais potentes desenvolvidos pelo ser humano nesse curso de autoprodução, ou de objetivação de si mesmo, como ser social. A escrita tem, então, um papel fundamental para a humanização, essa compreendida por Vázquez (1968, p. 138) como o "[...] processo de produção de si mesmo [...]". Assim, ao assumirmos a humanização como o horizonte para o qual se deve voltar a formação escolar, a apropriação da escrita para uma leitura em níveis sistemática e progressivamente mais complexos é, sem dúvidas, um dos focos centrais para os estudos em educação linguística, porque, senão por outras razões, a escrita é distribuída de modo profundamente desigual na sociedade de classes, conforme pontua Britto (2012).

Em havendo, em nosso campo, um número expressivo de estudos que investigam as especificidades em torno da formação de leitores, com pesquisas que carregam fundamentações bastante diversas entre si, enfatizamos que nos afastamos daquelas perspectivas que partem da leitura pelo seu aspecto pseudoconcreto, por meio do qual a diferença entre fenômeno e essência desaparece, e perspectivamos, destarte, uma elaboração teórica comprometida em "[...] indagar e descrever como a coisa em si se manifesta naquele fenômeno, e como ao mesmo tempo nele se esconde" (Kosik, 1976 [1963], p. 16). Para isso, é imprescindível que os vínculos primordiais entre ciência e filosofia estejam sempre pautando tais elaborações. Pela mesma razão, torna-se impossível, neste estudo de base materialista, histórica e dialética, darmos tratamento à leitura como se essa fosse um processo mormente cognitivo ou, ainda, por meio do que entendemos ser um viés pragmático, estabelecendo-se a leitura sob a lógica do "processo dialógico", sendo o texto "o lugar em que o encontro se dá" (Cf. Geraldi, 2003 [1991]).

Entoando, pois, um percurso de superação da pseudoconcreticidade tal qual entendida por Kosik (1976 [1963]), estabelecemos a categoria da práxis como elemento basal também para as lides teóricas em torno da leitura, já que, em se assumindo o protagonismo do ser humano diante da produção da própria história humana, podemos encontrar no processo de leitura aquilo que o filósofo em menção entende como o momento existencial da práxis. Além do momento laborativo, o qual compreende a atividade humana objetiva, de transformação da natureza, marcando a realidade natural com os sentidos humanos, a práxis compreende um momento existencial, relacionado à "[...] formação da subjetividade humana, na qual os momentos existenciais [...] não se apresentam como 'experiência' passiva, mas como parte da luta pelo reconhecimento, isto é, do processo da realização da liberdade humana" (Kosik, 1976 [1963], p. 224).

É pelo processo de leitura, portanto, que acreditamos ser possível delinear um percurso educativo que engaje os indivíduos para o vislumbre de sua liberdade, a qual certamente será plenamente realizada somente quando da destruição da sociedade capitalista, marcada pela separação entre produtos e produtores, coisificando, dessa forma, o ser humano, rebaixando-o ao nível dos produtos — e com "[...] a perda do domínio sobre o mundo material criado, o homem perde também a realidade" (Kosik, 1976 [1963], p. 123). Entretanto, é durante o presente, por meio de projetos de futuro, na atual forma de sociabilidade, que podemos garantir que os indivíduos reproduzam intelectualmente o que é do âmbito da realidade objetiva, por meio da apropriação dos conhecimentos sistematizados nos campos da ciência, da arte e da filosofia, pelo fato de tais conhecimentos serem encharcados de história humana: "O conhecimento é o conhecimento de um mundo criado pelo homem, isto é, inexistente fora da história, da sociedade e da indústria" (Vázquez, 1968, p. 152).

Vinculando, desse modo, o ensino e a aprendizagem da leitura na instituição escolar com o compromisso de formar a consciência de classe dos indivíduos, reconhecendo-se o papel vital que a leitura tem no desenvolvimento da metacognição, o controle do próprio pensamento (Britto, 2012), abordamos, ao longo deste capítulo, pautadas no arcabouço marxista, o que entendemos ser determinante para que a escola incida verdadeiramente na complexificação da interpretação da realidade humana. Sublinhamos, nesse sentido, o que diz Kosik (1976 [1963], p. 226): "Conhecemos o mundo, as coisas, os processos somente na medida em que os 'criamos', isto é, na medida em que os reproduzimos espiritualmente e intelectualmente" — eis a centralidade que o processo de leitura tem para o desenvolvimento humano, sobretudo dos filhos da classe trabalhadora. O ensino da leitura é defendido, neste estudo, por meio da potência que tem de levar os sujeitos a transcender o nível pragmático ou pseudoconcreto da sua existência, colocando-se, dessa forma, numa "[...] perspectiva universal, entrando em comunicação com os outros e reconhecendo suas próprias condições situacionais, assim como suas opções e seus próprios pontos de vista" (Saviani; Duarte, 2012, p. 14).

Vislumbrando lidar com isso e a partir disso, organizamos este capítulo de maneira a, após esta introdução, desenvolver uma discussão focalizada na relação dialética entre os processos de apropriação e objetivação a partir dos quais se constitui o ser humano, um movimento de caráter teórico-filosófico no qual propomos uma relação com as diferentes formas de se prefigurar o indivíduo humano, por meio da empiria ou por meio da concretude. É nesta seção, também, que pontuamos e ampliamos a concepção de leitura, tomando-a à luz do processo de apropriação, imprescindível para a humanização do ser humano.

Na seção seguinte, verticalizando-se as proposições sobre a potência da leitura, a qual pode ter força para se realizar tanto como processo humanizador quanto adaptador, enfocamos a necessidade de seu domínio nos diferentes campos do conhecimento, reconhecendo-se, assim, que a apropriação da cultura pela sociedade humana perpassa necessariamente as lides com o texto escrito produzido nesses campos do conhecimento. Em se restringindo o acesso do ser humano à história — sua história —, exacerba-se aquilo que é a face mais deplorável do capitalismo, a alienação.

A apropriação da cultura como condição para a humanização

Fundamentadas na ontologia marxiana, tomamos o processo educativo de formação de leitores a partir de/orientado ao trabalho, em sua acepção materialista, histórica e dialética. Isso, pois, conforme elucida Saviani (2012, p. 175),

> [...] sem se considerar o trabalho e a forma concreta pela qual ele define o modo de produção da vida humana numa situação histórica determinada, não será possível entender a forma assumida

> pela educação na referida situação histórica. É nesse sentido que afirmei que "[...] o trabalho foi, é e continuará sendo o princípio educativo do sistema de ensino em seu conjunto" (Saviani, 1994, p. 161).

Trabalho, categoria fundante da teoria social marxista, expressa a atividade humana sobre a natureza levada a termo com o fim de transformá-la ou, em outras palavras, é atividade vital humana por meio da qual o indivíduo produz objetivações ao mesmo tempo em que objetiva a si mesmo. Objetivação, portanto, enquanto criação humana, é parte da dinâmica do trabalho, em relação dialética com o processo de apropriação. O par apropriação-objetivação consiste em unidade imprescindível para o entendimento de leitura e de formação de leitor, foco desta obra, em uma abordagem orientada para a liberdade e a emancipação humanas, tal qual é desenvolvido no presente capítulo.

No trabalho, relação estabelecida entre ser humano e natureza com fins de adaptação desta última às necessidades humanas, o indivíduo produz uma segunda natureza — a natureza humanizada, significada, cultural, histórica e social — a partir da realidade natural *a priori*. Isso evidencia o protagonismo humano na criação da realidade social, desnaturalizando-a, na contramão de qualquer perspectiva de cunho conservador e naturalizante, dissociada de uma orientação pró-transformação. Eis por que a história corresponde a uma das categorias centrais da teoria marxista: a vida humana, do gênero humano, existe enquanto tal, pois historicizada, produzida pela humanidade em tempos e espaços específicos, condicionados pelo modo de produção também específico, e transmitida geracionalmente: cada nova geração, a fim de se inserir na sociedade e se humanizar, apropria-se dos bens culturais objetivados por seus antecessores, criando, a partir disso, novas necessidades que são atendidas por meio de novas e outras objetivações, em um ciclo infindável de produção e atendimento de demandas sociais.

Nessa perspectiva, trabalho, antes de caracterizar atividade de produção de valor de troca e de mais valia, conforme concebido na sociedade do capital, em que o "[...] trabalho não é [...] voluntário, mas forçado, *trabalho obrigatório*.

O trabalho não é, por isso, a satisfação de uma carência, mas somente um *meio* para satisfazer necessidades fora dele" (Marx, 2010 [1844], p. 83), remete à produção de valor de uso, por intermédio da qual o ser humano transfere suas atividades aos objetos produzidos, ou melhor, às suas objetivações, que compõem o patrimônio cultural produzido historicamente.

Nessa acepção, trabalho distancia-se da concepção restrita imposta pela divisão entre classes sociais, a partir da qual trabalho intelectual e trabalho manual remetem a burgueses e proletários, respectivamente. O trabalho como atividade vital humana o é assim tomado haja vista ser meio de autoprodução humana, de humanização da espécie — atividade que diferencia os homens dos animais —, de desenvolvimento social e individual, assim como afirma Duarte (2013 [1993], p. 23): "Para Marx, a atividade vital humana não é apenas uma atividade que assegura a existência física do indivíduo, mas aquela que reproduz as características fundamentais do gênero humano". Continua o autor:

> As características do gênero humano não são, porém, transmitidas pela herança genética, porque não se acumulam no organismo humano. As características do gênero humano foram criadas e desenvolvidas ao longo do processo histórico de apropriação da natureza pela atividade social e de objetivação dos seres humanos na natureza transformada. A atividade humana, ao longo da história, vai construindo as objetivações, desde os objetos *stricto sensu*, bem como a linguagem e as relações cotidianas entre os seres humanos, até as formas mais elevadas de objetivação humana, como a arte, a ciência e a filosofia. Cada indivíduo tem de se apropriar ao menos de um mínimo desses resultados da atividade social para poder viver sua cotidianidade (Duarte, 2013 [1993], p. 38).

Tal qual bem discorre Duarte (2013 [1993]), a dinâmica característica do trabalho é constituída pela relação dialética entre os processos de apropriação e objetivação, entendido o primeiro como subjetivação do real, assimilação e internalização das propriedades inerentes aos objetos produzidos pela coletividade, sejam eles materiais ou ideais.

Significa apropriar-se das características do gênero humano, daquilo já criado pela humanidade. Objetivação, ao contrário, consiste no fenômeno de produção de bens, na transmissão de atividade humana aos objetos, *stricto sensu* ou não, como sinalizado pelo autor na citação imediatamente anterior, atividade essa que se apresenta condensada nos objetos. "Esse processo é cumulativo, isto é, no significado de uma objetivação está acumulada experiência histórica de muitas gerações. [...] parece-me adequado considerar uma objetivação como uma síntese da atividade humana" (Duarte, 2013 [1993], p. 41).

No que compete à formação humana com vistas às almejadas emancipação e liberdade, possíveis tão somente com o fim da ordem econômica capitalista, como sinalizado na seção introdutória deste capítulo, o processo de apropriação de específicas objetivações se faz mister, uma vez que a qualidade destas últimas implica em aumento ou rebaixamento do grau de alienação do indivíduo na sociedade contemporânea por promoverem ou se distanciarem de uma compreensão da essência dos objetos, da realidade, dos fenômenos e da sociedade.

Conforme advogam pesquisadores marxistas alinhados aos postulados da pedagogia histórico-crítica (Cf. Saviani, 2008 [1983]; Duarte, 2013 [1993]; Duarte, 2016; Galvão; Lavoura; Martins, 2019), há elaborações humanas sofisticadas, mais elaboradas, complexificadas, as objetivações genéricas para si, que correspondem a formas mais desenvolvidas e pertencentes aos campos da ciência, das artes e da filosofia ou da denominada esfera do pensamento especulativo (Britto, 2015) e que possuem o potencial de incidir diferentemente no aparato psicológico do indivíduo, de modo a contribuir para uma compreensão crítica e radical do mundo, bem como de si próprio enquanto parte do gênero humano, em afastamento a qualquer entendimento pseudoconcreto, superficial e raso promovido pela visão de mundo burguesa/capitalista.

Estando tais objetivações materializadas, sobremaneira, em textos na sociedade contemporânea, a leitura, como prática que propicia o contato e a apropriação desse conhecimento mais elaborado imprescindível para a luta pela emancipação coletiva, não passa isenta, em especial no que tange às ações esperadas no interior da escola, especialmente no que concerne ao trabalho educativo desenvolvido em aulas de língua envolvidas com formação de leitor. Assim, "[...] ensinar leitura faz sentido se essa proposição promover a formação das pessoas, por meio da experiência e da vivência intensa, metódica e consistente com o conhecimento em suas diversas formas de expressão" (Britto, 2012, p. 43).

Em havendo, na agenda escolar, o objetivo de formar leitores autônomos, críticos, conhecedores de si e da realidade, protagonistas de suas vidas e produtores de seu futuro, importa a atenção à concepção de sujeito subjacente à seleção de conteúdos e ao encaminhamento teórico-metodológico, por mais superada que possa parecer estar tal questão, dado o aparecimento de concepções de estudante em documentos oficiais norteadores de ensino. Superando por incorporação qualquer viés tradicional de um lado, e pragmático de outro, referentes a sujeito erudito e sujeito adaptável, respectivamente, em uma perspectiva materialista, histórica e dialética, o sujeito é compreendido como um ser histórico, produzido historicamente pelos próprios homens em sua práxis, produto das relações sociais:

> O homem se diferencia propriamente dos animais a partir do momento em que começa a *produzir* seus meios de vida, passo este que se encontra condicionado por sua organização corporal. Ao produzir seus meios de vida, o homem produz indiretamente sua própria vida material (Marx; Engels, 1974, p. 19 *apud* Saviani, 2012, p. 173).

Produzindo sua vida material, o indivíduo humaniza a natureza significando-a por meio da linguagem. Via trabalho, atividade criativa e criadora, explicitadora das potencialidades humanas, como afirma Tonet (2006), o ser social se constitui apropriando-se daquilo que lhe é dado, a fim de dar prosseguimento à história coletiva. Nesse sentido, enquanto parte do gênero humano e da totalidade, o sujeito é tomado em sua concretude, para além de sua empiria, ou seja, é um indivíduo marcado pelas contradições e mediações sociais, produtor e criador da realidade (criação, aqui, entendida como reprodução). O sujeito concreto, para a teoria social marxista, compreende sua relação inequívoca com a universalidade, com o gênero humano e orienta suas condutas a partir dele.

Saviani (2012), ao discutir a relação entre trabalho, educação e história, enfatiza a acepção de sujeito concreto para a teoria histórico-cultural, na contramão de reducionismos atinentes à tomada do sujeito em sua empiria. Segundo ele, a escola deve orientar-se por aquilo que o sujeito pode vir a ser, pode vir a tornar-se, e não apenas por aquilo que é no momento presente. Para tanto, a seleção de conhecimentos requeridos socialmente — e não particularmente por cada um dos alunos em suas vidas singulares — é nodal para um projeto educativo de formação humana com vistas à emancipação, diferentemente de qualquer projeto de viés adaptador, alinhado às necessidades de desenvolvimento social e econômico neoliberal, como evidenciado na Base Nacional Comum Curricular, por exemplo. Na obra "Escola e Democracia", em que o autor em menção apresenta sua proposta pedagógica baseada na ideia de "[...] processo educativo como passagem da desigualdade à igualdade" (Saviani, 2008 [1983], p. 62), ele esclarece, ao discutir os métodos de ensino:

> Serão métodos que estimularão a atividade e iniciativa dos alunos sem abrir mão, porém, da iniciativa do professor; favorecerão o diálogo dos alunos entre si e com o professor, mas sem deixar de valorizar o diálogo com a cultura acumulada historicamente; levarão em conta os interesses dos alunos, os ritmos de aprendizagem e o desenvolvimento psicológico, mas sem perder de vista a sistematização lógica dos conhecimentos, sua ordenação e gradação para efeitos do processo de transmissão-assimilação dos conteúdos cognitivos (Saviani, 2008 [1983], p. 56).

A cultura acumulada historicamente e consubstanciada em conhecimentos dos campos da ciência, das artes e da filosofia compõe o conjunto de conteúdos escolares alçados a objetos de ensino, assim como em aulas de língua envolvidas com a formação de leitores na perspectiva da formação humana omnilateral (intelectual, física e manual, direcionada a todas as potencialidades do indivíduo), inversamente ao desenvolvimento de capacidades e competências esperadas para a circulação e o envolvimento de cidadãos na/com a sociedade hodierna, habilitados a reproduzir comportamentos e raciocínios sob a lógica neoliberal, demandados pelas leis mercadológicas do sistema do capital. Tais sujeitos, compreendidos como *homo oeconomicus*, caracterizam-se pelo egoísmo (Kosik, 1976 [1963]), pela individualidade em si, apartados, destarte, da coletividade e do gênero humano do qual fazem parte, obrigatoriamente. O *homo oeconomicus* "[...] é real na medida em que desenvolve as aptidões, o talento e as tendências que o sistema exige para seu próprio funcionamento, enquanto as demais aptidões [...], não necessárias à marcha do sistema, são supérfluas e irreais" (Kosik, 1976 [1963], p. 99).

Nessa discussão, a leitura, prática social circunstanciada, consoante Britto (2012, p. 48), por proporcionar a inclusão do sujeito em um "modo de cultura" e na disseminação de práticas, hábitos e formas de cultura mais elaboradas e densas, favorece "[...] o alargamento do espírito e das possibilidades de atuação e intervenção na sociedade", quando tomada como uma práxis revolucionária — ocupada com a aguda percepção materialista, histórica e dialética da realidade e com sua transformação. A leitura é entendida como instrumento de apropriação de objetivações genéricas para si (potencializadoras de uma compreensão da essência do mundo, para além de sua aparência fenomênica), basilares para a formação da individualidade para si dos alunos: individualidade correspondente a uma personalidade crítica, autônoma, desenvolvida em todas as suas potencialidades, conhecedora de sua relação intrínseca com a genericidade humana e, por consequência, consciente da exigência de regular sua conduta com base nessa relação.

Considerando a desigualdade de acesso aos conhecimentos, em especial de acesso à leitura, por parte dos trabalhadores e seus filhos, em uma sociedade marcada por uma ordem econômica e política que transmuta conhecimentos em meios de produção — de domínio exclusivo de uma classe social, portanto —, a leitura e o trabalho educativo com formação de leitores revestem-se de contornos políticos, indubitavelmente, como mediações valorosas para a formação de consciência de classe, fator ainda rarefeito nacionalmente se considerado em âmbito coletivo e, paradoxalmente, crucial para o alcance de condições dignas de vida a todos nós. A leitura, nessa senda, pode não consistir, diretamente, em meio para a revolução, entretanto, é instrumento capital, dadas as circunstâncias sociais alusivas à cultura escrita, para a formação humana pró-emancipação, ao viabilizar o contato do leitor com o que é do âmbito da genericidade humana — possibilitando o reconhecimento de sua relação/inserção ou imbricamento com o gênero humano —, bem como a consecução de ações coletivas direcionadas à transformação social possível e inadiável.

Os campos do conhecimento e a leitura como processo humanizador

Conforme assinalado já na introdução deste capítulo, temos defendido a indissociabilidade entre ciência e educação quando lidamos com a educação linguística, aspecto que toca, necessariamente, portanto, o trabalho educativo voltado à leitura e à formação de leitores. Tal indissociabilidade oferece implicações para o modo como a formação humana é concebida como processo e como finalidade das instâncias formais de ensino, porque são as responsáveis por idealizar e implementar projetos formativos que prospectam acepções de humanização que podem ser até mesmo antagônicas, tendo em vista a forma como se relacionam com o modo de sociabilidade vigente: confirmando-o ou opondo-se a ele.

Desses projetos formativos, erigem formas específicas de tomar o conhecimento que irá compor tais projetos, as quais derivam de modelos distintos de resposta ao problema do conhecimento, o que envolve desde como levar um indivíduo a conhecer até o que deverá ser priorizado nesse processo. Isso porque o ser social

> [...] não só cria artefatos, instrumentos, como também desenvolve ideias (conhecimentos, valores, crenças) e mecanismos para sua elaboração (desenvolvimento do raciocínio, planejamento...). A criação de instrumentos, a formulação de ideias e formas específicas de elaborá-los [...] são frutos da interação homem-natureza (Andery *et al.*, 1988, p. 12-13).

É nessa direção que é possível afirmar que:

> As ideias são a expressão das relações e atividades reais do homem, estabelecidas no processo de produção de sua existência. Elas são a representação daquilo que o homem faz, da sua maneira de viver, da forma como se relaciona com outros homens, do mundo que o circunda e das suas próprias necessidades (Andery *et al.*, 1988, p. 14).

Como repercussão direta disso, é necessário reconhecer que "Em qualquer sociedade onde existam relações que envolvam interesses antagônicos, as ideias refletem essas diferenças" (Andery *et al.*, 1988, p. 15). Exemplarmente, "[...] hoje, tanto as ideias políticas que pretendem conservar as condições existentes quanto as que pretendem transformá-las correspondem a interesses específicos às várias classes sociais" (Andery *et al.*, 1988, p. 15).

É, assim, no bojo dessas tensas relações entre atendimento e produção de necessidades, criação e desenvolvimento de ideias, a partir de visões de mundo distintas, que o conhecimento humano em suas diferentes formas se funda. Trata-se de modos de apreensão da realidade concreta/histórica que exprimem e respondem a condições materiais de um dado momento histórico. Essas respostas refletem e permitem o (re)posicionamento dos indivíduos frente aos conhecimentos, aos objetos culturais que os portam, bem como à realidade concreta/histórica que apreendem.

A forma como isso se dará dependerá de aspectos multifatoriais, que envolvem desde as formas de representação, o modo de tomada da realidade, as possibilidades de reconhecimento dos nexos de relação com essa realidade e com a visão social de mundo que a representação carrega, dentre aspectos afins. Dessa relação multideterminada, surgem formas diferentes de produção do conhecimento humano e cada um dos distintos campos sistematizados do conhecimento.

Acerca das formas distintivas de produção humana em cada um desses campos, convém destacar a posição do materialismo histórico e dialético, o fundamento assumido tanto neste capítulo quanto nesta obra como um todo. Nesse sentido, Kosik (1976, p. 108) oferece um importante enquadre à discussão: "*Toda concepção de realismo ou do não-realismo é baseada sobre uma consciente ou inconsciente concepção da realidade*". E segue: "[...] a *posição materialista da problemática começa* no momento em que se parte desta dependência como de um fundamento essencial" (Kosik, 1976, p. 108). Ao fazer essa marcação, o autor redialetiza, a partir do conceito de realidade, dois campos tratados como opostos pela discussão epistemológica conservadora: "A poesia não é uma realidade de ordem inferior à economia: também ela é do mesmo modo realidade humana, embora de gênero e de forma diversos, com tarefa e significado diferentes" (Kosik, 1976, p. 108-109). E demarca: "[...] é o homem que cria a economia e a poesia como produto da *praxis* humana" (Kosik, 1976, p. 109).

Importa sobrelevar que, embora suas sinalizações culminem na reaproximação em dialética, exemplarmente, de dois campos do conhecimento, ao fazê-lo, o autor em causa não descura da necessidade de considerar a especificidade desses campos. Nessa direção, entendemos que a elaboração produzida por Duarte (2016), considerando a proposição lukacsiana, é bastante consistente. Nela, o autor posiciona tais especificidades de cada um desses campos do conhecimento sinteticamente da seguinte forma: o campo científico tomaria as realidades social e natural num movimento com potencial de desantropomorfização; o mesmo da filosofia em relação às respostas possíveis às questões sobre valores, representações, eticidade e afins; e a antropomorfização em direção à segunda ordem que caracterizaria o campo artístico em sua tomada da realidade e/ou da possibilidade da condição humana.

Ao demarcarmos essa especificidade de cada um desses campos do conhecimento, convém retomarmos a questão da qual partimos: a produção humana ao longo da história, ou seja, a questão da constituição do ser social pela via da praxis. Eis o modo como Kosik (1976, p. 113) sumariza essa questão:

> O caráter social do homem, porém, não consiste apenas em que ele sem o objeto não é nada; consiste antes de tudo em que ele demonstra a própria realidade em uma *atividade objetiva*. Na produção e reprodução da vida social, isto é, na criação de si mesmo como ser histórico-social, o homem produz:

> 1. os bens materiais, o mundo materialmente sensível, cujo fundamento é o trabalho;
> 2. as relações e as instituições sociais, o complexo das condições sociais;
> 3. e, sobre a base disto, as ideias, as concepções, as emoções, as qualidades humanas e os sentidos humanos correspondentes.
>
> Sem o sujeito, estes produtos sociais do homem ficam privados de sentido, enquanto o sujeito sem pressupostos materiais e sem produtos objetivos é uma miragem vazia. *A essência do homem é a unidade da objetividade e da subjetividade.*

É nessa direção que o trabalho educativo com a leitura, a nosso ver e de acordo com o materialismo histórico e dialético, demarca a um só tempo sua especificidade e seu compromisso com a formação humana direcionada à omnilateralidade. Ou seja, o trabalho escolar e acadêmico com a leitura teria lugar de destaque por ser ação humana que potencialmente permitiria a unificação dialética entre objetividade e subjetividade, ao facultar, dentre outras questões, os processos envolvidos no par também dialético apropriação e objetivação da/na realidade, discutido na seção anterior deste capítulo.

Nesses termos, assume-se

> [...] que ler — especialmente ler literatura e as produções intelectuais da história humana — é um valor que implica também recusar qualquer acordo com o pragmatismo, o subjetivismo e o relativismo. Implica reconhecer eticamente que a experiência estética se justifica pela possibilidade de uma vida que se humanize ao transcender o imediato, ainda que não resulte em prazer ou felicidade nem escape ao desígnio do Fado (Britto, 2015, p. 14).

Essa forma de pensar a leitura evoca em radicalidade uma noção de humanização aproximada à concepção de omnilateralidade, na medida em que a transcendência do imediato impõe a necessidade de tomada da realidade na totalidade histórica, ao mesmo tempo em que deriva da necessidade de seu reconhecimento por cada indivíduo como um sujeito histórico-concreto. Para isso, apropriar-se dos grandes marcos epistemológicos de conhecimento — arte, ciência e filosofia —, dados a nós na forma de objetos culturais que carregam atividade humana concentrada, é fulcral para o desenvolvimento do pensamento teórico e das funções psíquicas superiores, justamente o que nos diferencia dos demais animais. Esse desenvolvimento, contudo, não é identificado à humanização nos termos advogados pelo materialismo histórico e dialético, mas é base e condição para ela.

A humanização na direção da omnilateralidade demanda, ainda, uma formação que envolva as dimensões física, intelectual e prática, alcançadas pelas/nas atividades humanas. No caso do ensino formal, como o escolar e o acadêmico, há a aposta de que o indivíduo possa ampliar sua formação pela apropriação de objetos culturais próprios dos campos da arte, da ciência e da filosofia, por carregarem em si potencial de superação da cotidianidade, da imediatez. Disso dependeria, nesses termos, a possibilidade de aproximação à humanização de acento omnilateral, a qual por sua vez significaria operação teórico-conceitual com a realidade e desenvolvimento de funções psíquicas superiores, as tipicamente humanas, de forma a possibilitar tomada da realidade criticamente, pelo alcance da formação da consciência de classe e do desenvolvimento da subjetividade, que permite processo de (re)posicionamento do indivíduo ante a essa realidade e a sua subjetividade.

Nesse sentido, parece inconteste a contribuição da leitura; não, é claro, da leitura ocupada em promover o esquecimento, mas da leitura ocupada com levar o indivíduo a conhecer e a lembrar (Britto, 2012). A leitura, ante a essa ocupação, merece uma consideração específica, por ser geralmente ela o lugar de clamor por uma certa necessidade de distração, de deleite que seria benéfico aos indivíduos. Sobre isso, vale pontuar que "Ao compreender a literatura dessa maneira, damos-lhe além da dimensão estética, uma dimensão ética [...], uma dimensão de pensar e de construir a condição do humano" (Britto, 2015, p. 138).

A concepção de formação de leitores e a conceitualização do que seja leitura contrapõem-se, assim, em acordo com o fundamento teórico-filosófico materialista, histórico e dialético, a perspectivas reificadoras da realidade — numa sociedade de classes sempre a reificação recai à acepção pró-burguesia — e àquelas promotoras da alienação humana, de estranhamento do indivíduo em relação à finalidade de sua atividade (Marx, 2010 [1844]).

Sob essa forma de concebê-las, formação do leitor e leitura, o trabalho educativo que toma essa especificidade em atenção reúne-se ao que a educação marxista assume como imperativo: a contribuição da educação não é para o mercado, mas para a vida humana/humanizada (Mészáros, 2008), para o que a superação da lógica desumanizadora do capital é motor e compromisso das instituições que se responsabilizam pela formação dos indivíduos.

REFERÊNCIAS

ANDERY, Maria Amália *et al. Para compreender a ciência*. Rio de Janeiro: Espaço e Tempo; São Paulo: EDUC, 1988.

BRITTO, Luiz Percival Leme. *Inquietudes e desacordos*: a leitura além do óbvio. Campinas: Mercado de Letras, 2012.

BRITTO, Luiz Percival Leme. *Revés do avesso*: leitura e formação. São Paulo: Pulo do Gato, 2015.

CHRAIM, Amanda Machado; PEDRALLI, Rosângela; CATOIA DIAS, Sabatha. Fundamentos teórico-filosóficos e trabalho educativo com língua: indissociabilidade entre ciência e educação e implicações para a formação de professores. *In*: CHRAIM, Amanda Machado; PEDRALLI, Rosângela; CATOIA DIAS, Sabatha. (org.). *O desenvolvimento da consciência na formação de professores*: enfoque no trabalho escolar com língua. Rio Grande: Editora da FURG, 2023. p. 23-43. Disponível em: https://www.repositorio.furg.br/handle/123456789/10899. Acesso em: 5 fev. 2024.

DUARTE, Newton. Relações entre ontologia e epistemologia e a reflexão filosófica sobre otrabalho educativo. *In*: DUARTE, Newton. *Sociedade do conhecimento ou sociedade das ilusões?*: quatro ensaios crítico-dialéticos em filosofia da educação. Campinas: Autores Associados, 2008. p. 17-38.

DUARTE, Newton. *A individualidade para si*: contribuição a uma teoria histórico-crítica da formação do indivíduo. 3. ed. rev. Campinas: Autores Associados, 2013 [1993].

DUARTE, Newton. *Os conteúdos escolares e a ressurreição dos mortos*: contribuição à teoria histórico-crítica do currículo. Campinas: Autores Associados, 2016.

GALVÃO, Ana Carolina; LAVOURA, Tiago Nicola; MARTINS, Lígia Márcia. *Fundamentos da didática histórico-crítica*. Campinas: Autores Associados, 2019.

GERALDI, João Wanderley. *Portos de passagem*. 4. ed. São Paulo: Martins Fontes, 2003 [1991].

KOSIK, Karel. *Dialética do concreto*. Rio de Janeiro: Paz e Terra, 1976 [1963].

MARX, Karl. *Manuscritos econômicos-filosóficos*. São Paulo: Boitempo, 2010 [1844].

MARX, Karl; ENGELS, Friedrich. *La ideologia alemana*. Montevideo: Pueblos Unidos; Barcelona: Grijalbo, 1974.

MÉSZÁROS, István. *A educação para além do capital*. 2. ed. São Paulo: Boitempo, 2008.

SAVIANI, Dermeval. O trabalho como princípio educativo frente às novas tecnologias. *In*: FERRETTI, Celso João; ZIBAS, Dagmar M. L.; MADEIRA, Felícia R.; FRANCO, Maria Laura P. B. (org.). *Novas tecnologias, trabalho e educação:* um debate multidisciplinar. Petrópolis: Vozes, 1994. p. 151-166.

SAVIANI, Dermeval. *Escola e democracia*. Edição comemorativa. Campinas: Autores Associados, 2008 [1983].

SAVIANI, Dermeval. História, trabalho e educação: comentário sobre as controvérsias internas ao campo marxista. *In*: SAVIANI, Dermeval; DUARTE, Newton. (org.). *Pedagogia histórico-crítica e luta de classes na educação escolar*. Campinas: Autores Associados, 2012. p. 167-182.

SAVIANI, Dermeval; DUARTE, Newton. A formação humana na perspectiva histórico-ontológica. *In*: SAVIANI, Dermeval; DUARTE, Newton. (org.). *Pedagogia histórico-crítica e luta de classes na educação escolar*. Campinas: Autores Associados, 2012. p. 13-35.

TONET, Ivo. Educação e formação humana. *Ideação*, Foz do Iguaçu, v. 8, n. 9, p. 9-21, 2006. Disponível em: https://e-revista.unioeste.br/index.php/ideacao/article/view/852/721. Acesso em: 8 jan. 2024.

VÁZQUEZ, Adolfo Sánchez. *Filosofia da praxis*. Rio de Janeiro: Editora Paz e Terra, 1968.

VYGOTSKI, Lev S. Estudio del desarrollo de los conceptos científicos en la edad infantil. *In*: VYGOTSKI, Lev S. *Obras escogidas II*. Problemas de psicología general. Madrid: Machado Libros, 2014. p. 181-285.

CAPÍTULO 2

DESENVOLVIMENTO HUMANO E LINGUAGEM ESCRITA

FRANCISCO JOSÉ CARVALHO MAZZEU

NÃO DESPERTEMOS OS LEITORES

Os leitores são, por natureza, dorminhocos. Gostam de ler dormindo. Autor que os queira conservar não deve ministrar-lhes o mínimo susto. Apenas as eternas frases feitas. [...]

Pois não é mesmo tão bom falar e pensar sem esforço? O lugar-comum é a base da sociedade, a sua política, a sua filosofia, a segurança das instituições. Ninguém é levado a sério com ideias originais.

Já não é a primeira vez, por exemplo, que um figurão qualquer declara em entrevista: "O Brasil não fugirá ao seu destino histórico!".

O êxito da tirada, a julgar pelo destaque que lhe dá a imprensa, é sempre infalível, embora o leitor semidesperto possa desconfiar que isso não quer dizer coisa alguma, pois nada foge mesmo ao seu destino histórico, seja um Império que desaba ou uma barata esmagada.

[MARIO QUINTANA]

Introdução

Este capítulo e este livro se situam em um processo mais amplo que mobiliza um grupo de pesquisadores inspirados por um projeto político e pedagógico em comum: despertar os leitores. Despertar os estudantes das classes trabalhadoras para a necessidade de construir coletivamente a sua história, recusando o destino traçado pela evolução "natural" da sociedade capitalista: a destruição predatória dos recursos naturais e das forças produtivas criadas pelas gerações passadas. Cada vez mais se coloca a urgência de lutar por uma sociedade sem classes, para que as alterações no clima do planeta e as guerras cada vez mais intensas não comprometam o futuro da humanidade. Despertar os educadores para a necessidade de oferecer aos estudantes essa formação emancipatória, que combine a apropriação da herança cultural acumulada ao longo da história com o desenvolvimento de uma consciência crítica e de classe. Despertar os intelectuais comprometidos com os interesses das classes subalternas para a necessidade de avançar na construção de categorias de análise que combinem a sólida fundamentação científica e o compromisso político com a transformação da sociedade.

O texto que apresento ao leitor pretende dar uma modesta contribuição a esse terceiro "despertar", chamando a atenção para algumas categorias que podem contribuir para a reflexão sobre o processo de ensino e aprendizagem da linguagem escrita, particularmente em suas etapas iniciais.

Optei por construir meu discurso escrito dialogando com partes de um texto inédito que produzi há duas décadas e meia: minha tese de doutorado, intitulada *O uso de "clichês" e o problema da alienação na linguagem e na formação de professores*. A decisão de não publicar esse material à época decorreu de uma leitura talvez excessivamente crítica das insuficiências da análise de aspectos da problemática abordada. No entanto, no decorrer da experiência de pesquisa dos últimos anos, pude revisitar e aprofundar alguns conceitos, sobretudo com a oportunidade de elaborar a tese de livre docência, denominada "Alfabetização e trabalho: múltiplas determinações", defendida em 2019. O fio condutor que liga e perpassa esses textos é a busca de compreensão do processo de alfabetização e apropriação da linguagem escrita tendo como referência o materialismo histórico e dialético.

Ao iniciar uma reflexão sobre o processo de desenvolvimento humano, podemos partir da etimologia da palavra "desenvolvimento", considerando que a origem pode revelar aspectos relevantes do significado que a sociedade materializou nessa palavra. Santos *et al.* (2012, p. 46) apresentam um quadro com os componentes da palavra:

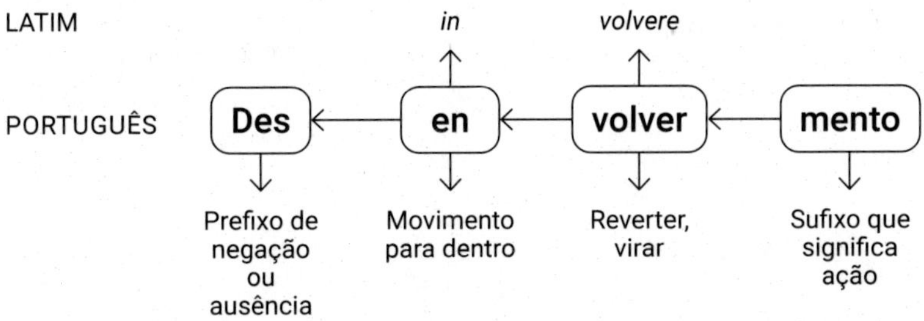

FONTE: Santos *et al.* (2012, p. 46).

Começando pelo final, podemos destacar que o sufixo "mento" traz a ideia de ação. Assim, para que ocorra o desenvolvimento é necessário que alguém ou algo realize uma atividade. É, portanto, um processo de mudança no decurso de determinado período produzido pela intervenção de algum agente ou sujeito. Naturalmente, a mudança depende do tipo de agente de que se trata. Como a atividade é uma característica que pode ser atribuída a qualquer coisa que produza movimento (fala-se, por exemplo, que um vulcão entrou em atividade), ocorrem muitos processos de desenvolvimento movidos pelas leis físicas e biológicas, tanto no decorrer das mudanças na matéria inanimada quanto na evolução das espécies e no ciclo de vida de cada indivíduo. Daí a necessidade de adjetivar quando se trata do desenvolvimento humano, que é o nosso objeto.

Ainda explorando os componentes da palavra, encontramos como raiz os verbos volver e envolver. Podemos verificar que expressam um movimento para dentro ou uma atividade que se volta para si, em um sentido de fechar-se, estar ligado ou focado em determinado lugar ou ponto. No entanto, o prefixo "des" inverte esse sentido e aponta para o movimento oposto, de desligar-se, afastar-se do lugar em que se encontra e abrir-se para fora, para algo novo. Sugere que o processo de desenvolvimento implica uma expansão, abertura, libertação, um agente que sai de si mesmo para tornar-se outro, portanto, uma transformação desse agente em decorrência da sua própria atividade.

Nesse sentido, pensar o desenvolvimento humano a partir de uma perspectiva histórica pressupõe a busca pela compreensão do processo através do qual o conjunto dos homens e cada indivíduo realizam uma atividade que lhes permite se transformarem em seres mais livres, que saem de seu estado "natural" e realizam suas potencialidades, tornando-se sujeitos plenamente humanos.

No caso dos seres humanos, essa atividade é o trabalho, que permite ao mesmo tempo assegurar a existência da humanidade e superar as condições restritivas impostas pela natureza, libertando-nos dos limites das leis físicas e biológicas, ao aproveitar essas leis a nosso favor. Portanto, a compreensão do processo de desenvolvimento humano implica situá-lo na relação com o trabalho, seja do ponto de vista da história das sociedades humanas, seja do ponto de vista da história de cada indivíduo. Ocorre que a história da humanidade, até o momento, tem sido predominantemente marcada pelas sociedades divididas em classes sociais com interesses antagônicos, e o trabalho, portanto, tem sido uma atividade produtora de uma imensa riqueza material e imaterial, mas da qual a grande maioria dos trabalhadores pouco tem se beneficiado. A dinâmica do trabalho alienado perpassa as relações sociais e também determina as condições objetivas em que ocorre o uso e a assimilação da linguagem nesta forma de sociedade.

Pensando em contribuir para a reflexão sobre essas relações contraditórias que surgem no processo de desenvolvimento humano e na assimilação da linguagem escrita na sociedade capitalista, organizei o presente texto em duas partes: na primeira, abordo o processo de desenvolvimento humano e a linguagem escrita na sua gênese histórica, tendo como referência a categoria trabalho; na segunda, destaco o problema da alienação do trabalho e suas consequências na (de)formação da consciência e da linguagem. Ao final, aponto algumas implicações dessa reflexão para o processo de alfabetização e ensino da língua.

O processo de desenvolvimento humano e a relação entre atividade, consciência e linguagem

O objetivo deste tópico é abordar a formação da linguagem, do pensamento e das demais funções da consciência e da atividade intelectual como uma unidade, o que somente se evidencia quando esses diferentes elementos são analisados tendo por referência a sua base comum, as suas raízes histórico-sociais, o que remete para o seu surgimento no âmbito do processo de formação e desenvolvimento do próprio homem, a partir da sua atividade vital específica, aquela que o diferencia dos animais: o trabalho.

Segundo as hipóteses mais plausíveis, a passagem do animal ao humano se deu na medida em que os antropoides superiores, por terem que viver no chão ao invés das árvores, começaram a desenvolver a capacidade de andar de modo mais ereto, o que se acelerou com o uso de instrumentos rudimentares, liberando as mãos para auxiliar nas suas atividades. Em função do caráter gregário da espécie, essas atividades sempre se realizaram em grupos, exigindo, portanto, a utilização de formas relativamente elaboradas de comunicação, o que vai criando a necessidade da linguagem. A atividade vital dos animais, porém, não conduziu à elaboração de uma linguagem. Conforme explicam Luria (1987) e Leontiev (1978), os animais apenas expressam estados interiores suscitados por algum estímulo, o que somente em sentido muito lato poderia ser chamado de linguagem.

Da mesma forma que a linguagem, a consciência e o pensamento, enquanto capacidade de representar a realidade exterior de forma objetiva por meio de conceitos e não apenas nos seus aspectos mais imediatamente sensíveis e perceptíveis, surgem exclusivamente no homem, e mais, surgem apenas nos indivíduos que adquiriram algum tipo de linguagem (Schaff, 1974).

O uso da linguagem como forma de mediatizar o processo de conhecimento e atividade desempenhou um papel fundamental no desenvolvimento humano, na medida em que possibilitou a criação das formas mais elaboradas de consciência, estimulando o próprio desenvolvimento das estruturas do cérebro (Engels, 1975).

Vale destacar que os pressupostos para o surgimento do trabalho e da linguagem humana já se encontram presentes de forma embrionária nos antropoides que nos antecederam: uma vida gregária, a capacidade de emitir e reconhecer sons (bem como de imitar gestos) e a estrutura cerebral desenvolvida (Engels, 1975). Essas três características que resultaram do processo de evolução das espécies animais são as pré-condições essenciais para o surgimento tanto do trabalho enquanto forma específica de atividade vital (intercâmbio com a natureza exterior) como da linguagem como forma específica de relação social (intercâmbio dos homens entre si e de cada homem com sua própria natureza interior). No entanto, o trabalho não surge como mera decorrência natural dessas pré-condições e como uma continuidade evolutiva do seu desenvolvimento, uma vez que representa uma ruptura em relação aos limites impostos pelas leis biológicas que determinam a evolução daqueles traços nos animais.

A atividade humana surge, em linhas bem gerais, a partir do momento em que o homem começa a criar mediações que se interpõem entre os indivíduos e a natureza e passam a dirigir a sua atividade (Marx; Engels, 2007; Martins; Moser, 2012). Os elementos mediadores principais que permitem que o homem dirija conscientemente a sua atividade são os instrumentos e os signos. Esses meios possibilitam que o homem passe a dirigir suas ações não mais pelos motivos biológicos diretos, mas pelos motivos sociais objetivados neles. Marx (2017, p. 150) destaca essa importância dos meios de trabalho para a transformação da natureza exterior e da natureza do próprio indivíduo:

> O meio de trabalho é uma coisa ou um complexo de coisas que o trabalhador coloca entre si mesmo e o objeto de trabalho e que lhe serve como condutor de sua atividade sobre esse objeto. Ele utiliza as propriedades mecânicas, físicas, químicas das coisas para fazê-las atuar como meios de poder sobre outras coisas, conforme o seu objetivo. O objeto do qual o trabalhador se apodera diretamente — abstraindo a coleta de meios prontos de subsistência, frutas, por exemplo, em que somente seus próprios órgãos corporais servem de meios de trabalho — não é objeto de trabalho, mas o meio de trabalho.

Dessa forma, os meios de trabalho permitem que cada indivíduo dirija a sua atividade com base em motivos elaborados socialmente, portanto, criados pelos próprios homens, superando a dependência em relação aos estímulos e às necessidades imediatas presentes na situação em que esse indivíduo se encontra (Leontiev, 1978). Sendo assim, um dos fatos mais marcantes do desenvolvimento humano é o de que a evolução deixa de ocorrer pela alteração biológica dos indivíduos (Vygotsky, 2002, p. 31) e passa a se apoiar no desenvolvimento técnico dos meios de trabalho e de intercâmbio.

As necessidades biológicas continuam existindo, porém a sua satisfação não se dá de modo direto e imediato pela ação do indivíduo diante da natureza, mas indiretamente, pela mediação da atividade de fabricação e uso de instrumentos e cooperação com os outros homens. Segundo Marx (2017, p. 34),

> A produção da vida, tanto da própria, no trabalho, quanto da alheia, na procriação, aparece desde já como uma relação dupla — de um lado, como relação natural, de outro como relação social —, social no sentido de que por ela se entende a cooperação de vários indivíduos, sejam quais forem as condições, o modo e a finalidade.

O motivo imediato da ação individual passa a ser determinado pelas relações que se criam durante o trabalho. Isso possibilita que cada indivíduo comece a perceber os objetos nas suas propriedades objetivas, que não dependem diretamente dos motivos de cada um, dos motivos biológicos (Leontiev, 1978).

Os movimentos corporais, especialmente das mãos e braços, que tinham uma função de agir sobre os objetos e instrumentos rudimentares, adquirem gradativa independência e passam a ser usados para influenciar as ações dos outros membros do grupo, dando origem aos gestos, que são inicialmente acompanhados por sons. Essa combinação de gestos e sons começa a adquirir uma relação estável com determinados objetos e situações (Leontiev, 1978).

Aos poucos o gesto vai cedendo importância para os sons, o que cria a possibilidade de existência da linguagem oral como um sistema capaz de comunicar praticamente todas as relações objetivas captadas pelo homem. Os gestos não desaparecem da comunicação, mas se tornam um elemento subordinado à fala. Na comunicação cotidiana os gestos representam um componente importante, complementando (e às vezes contradizendo) a fala. Dessa forma, o homem cria signos, isto é, converte alguns aspectos perceptíveis da sua atividade, como os gestos e sons ou mesmo determinados objetos, em representações de seres, ações, situações e outros aspectos da realidade ou da imaginação. Esses signos cumprem, na relação do homem com a sua própria natureza orgânica, uma relação análoga à que os instrumentos desempenham na sua relação com a natureza exterior, com o seu corpo inorgânico, qual seja: possibilitar que o homem contenha suas reações imediatas despertadas por objetos que se manifestam como motivos de satisfação direta das necessidades biológicas e consiga criar motivos novos, que não dependem diretamente dessas necessidades, mas são produzidos pelos homens na sua atividade conjunta e utilizados para regular a conduta de cada indivíduo. Os signos passam a se constituir em objetos especiais, que funcionam como estímulos auxiliares e despertam no indivíduo motivos histórica e socialmente produzidos (Vygotsky, 2002, p. 72).

Dessa forma, além do motivo biológico imediato, surgem na atividade humana motivos de outra ordem, determinados pelos instrumentos e pelos signos. Esses objetos mediadores adquirem uma significação para os homens na medida em que passam a satisfazer necessidades socialmente criadas pela atividade coletiva e, por essa via, as necessidades de cada indivíduo dentro de um determinado contexto. A significação é, portanto, uma relação que se cria na atividade humana, na medida em que os objetos se inserem nessa atividade, e se fixa principalmente nos signos por meio dos quais esses objetos são designados (Schaff, 1968).

Ao se apropriar desses signos por meio da comunicação, cada indivíduo se apropria também dessa significação objetiva e passa a dirigir por meio dela as suas ações sobre os objetos. Os sentidos dos diferentes homens se formam nessa relação ativa com os objetos, dirigida pelos signos. Essa atividade desenvolve tanto os sentidos mais imediatos — o olhar, o tato — quanto os sentidos mais amplos, como: a vontade, o desejo, e assim por diante. Ao mesmo tempo, a formação desses sentidos possibilita uma apropriação efetiva das significações, em uma ação recíproca. Marx (1993, p. 199) indica essa interdependência entre significação e sentido:

> A mais bela música *nada* significa para o ouvido completamente amusical, não constitui nenhum objeto, porque o meu objeto só pode ser uma confirmação de uma das minhas faculdades. Portanto, só pode existir para mim na medida em que a minha faculdade existe para ele como faculdade subjetiva, porque para mim o significado só vai até onde chega o *meu* sentido (só tem significado para um sentido que lhe corresponde).

O autor não reduz o conceito de sentido às percepções (ver, ouvir), mas inclui sentidos como a vontade e o amor, portanto, toda a sensibilidade humana. É, então, através da apropriação dos significados elaborados socialmente que cada indivíduo desenvolve os sentidos correspondentes a esse significado, ao mesmo tempo que o desenvolvimento de novos sentidos permite a apropriação de significados mais profundos. Ou seja, os significados que constituem a consciência social e se encontram objetivados na linguagem dirigem os sentidos com base nos quais cada indivíduo forma a sua consciência e dirige as suas atividades, alterando esses sentidos. A realização de atividades dirigidas pela linguagem, pelo discurso formado na comunicação com os outros homens, possibilita a sua internalização e a transformação de linguagem exterior em discurso interior, que é perpassada por essa unidade dialética de significados e sentidos.

Essa análise é importante para superar uma ideia muito presente em discussões sobre a relação entre significado e sentido: a visão de que o significado seria social e o sentido seria individual ou pessoal. Nossa compreensão é de que ambas as categorias se referem a fenômenos simultaneamente sociais e pessoais (entendida a pessoa como ser humano histórico e social). As significações seriam, conforme Volóchinov (2017), aspectos que se repetem nas enunciações e realizam os sentidos e temas produzidos nas relações entre os interlocutores. Para ele:

> [...] não se pode falar que a significação pertence à palavra como tal. Em sua essência, ela pertence à palavra localizada entre os falantes, ou seja, ela se realiza apenas no processo de uma compreensão ativa e responsiva. A significação não está na palavra, nem na alma do falante, nem na alma do ouvinte. A significação é um efeito da interação entre o falante e o ouvinte no material de um dado conjunto sonoro (Volóchinov, 2017, p. 232).

Para Leontiev (1978), os sentidos são relações que se formam na atividade social, em função dos motivos que dirigem essa atividade. Luria (1987) aborda essa relação na compreensão de textos narrativos, conceituando o sentido como um "subtexto" constituído pelos motivos das personagens e do autor, geralmente implícitos às suas ações e ao discurso. Portanto, a sensibilidade, o sentir, a dimensão afetiva e volitiva são produtos sociais e objetivos tanto quanto os significados, assim como estes só existem socialmente na medida em que fazem parte do pensamento e do discurso de indivíduos concretos. Os significados, assim como os sentidos, não estão dados nas palavras, como se houvesse uma "face semântica" no signo, mas se produzem, se realizam e atualizam nas enunciações concretas e, desse modo, se internalizam na consciência dos sujeitos.

Esse processo de internalização de significados e sentidos na consciência possibilita aos indivíduos utilizar o discurso interior para controlar de modo cada vez mais voluntário suas respostas diretas aos estímulos externos e dirigir as suas ações com base na representação dos objetos, inclusive daqueles não existentes, e nos motivos que provêm da atividade social.

Com isso, altera-se radicalmente toda a atividade psíquica do indivíduo humano em relação aos outros animais, uma vez que toda a sua atividade prática e mental passa a ser direta ou indiretamente mediada pelas significações das quais ele se apropria por meio da linguagem. Todas as funções da consciência, tais como percepção, memória, imaginação, emoção e vontade se modificam, assim como se modifica a correlação entre essas funções, a partir do momento em que a linguagem passa a ser usada para regular essa atividade consciente. É o chamado "salto do sensorial ao racional" que os clássicos do materialismo dialético consideram tão importante quanto a passagem da matéria inanimada para a vida (Luria, 1987).

A significação incorpora, desde o seu surgimento, um componente valorativo, axiológico, uma vez que os objetos não se limitam a cumprir uma função prática para o indivíduo que os utiliza ou consome, mas possuem um valor, um potencial de servirem para uma ação mediada e, assim, satisfazerem necessidades sociais. Da mesma forma, os signos, que vão se tornando os principais suportes materiais dessas significações, trazem uma ênfase valorativa (Volóchinov, 2017), que expressa um posicionamento do sujeito e de sua classe social frente aos objetos (reais ou não) que esse signo representa.

Na fase inicial do desenvolvimento da linguagem, os sons da fala possuem uma estreita ligação com a situação imediata em que são produzidos e só podem ser plenamente compreendidos nesse contexto imediato. Aos poucos a fala vai diminuindo essa dependência dos elementos não verbais. Esse processo de "descontextualização" da linguagem atinge a sua plenitude com a criação da linguagem escrita.

Com efeito, uma das principais características da escrita é que ela constitui, segundo a expressão de Vygotsky (1993, p. 232), "a álgebra da linguagem". Enquanto a fala representa um sistema de signos mediadores na atividade e no pensamento humanos, a escrita vai representar um sistema de signos que passam a atuar como mediadores na própria atividade de comunicação, uma vez que eles (nas escritas do tipo fonético) representam os sons da fala e, por essa via, os conceitos e demais representações que o pensamento constrói a partir da realidade. Essa relação entre fala e escrita não é um traço que surja de imediato com a "invenção" da escrita, mas o resultado de um longo processo. Inicialmente, a escrita se desenvolve a partir da pintura e do desenho, em paralelo com a fala, como um sistema de signos à parte. Aos poucos vai se dando uma articulação entre esses dois sistemas. No entanto, tal articulação nunca resulta em uma correspondência simples entre oralidade e escrita. A figura a seguir ilustra esse processo:

FALA E ESCRITA – RAÍZES DISTINTAS

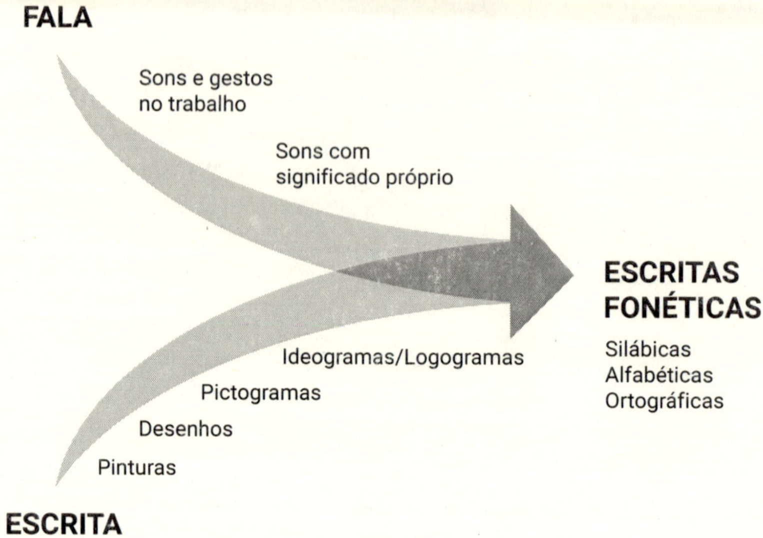

FONTE: Elaboração própria.

Parafraseando o que Vigotski (2001) afirmou em relação ao pensamento e à linguagem, podemos dizer que a fala e a escrita possuem raízes distintas, que convergem nas escritas de base fonética (silábica e alfabética), mas nunca coincidem, formando uma unidade dialética. Não será possível explorar essa questão, mas essa concepção implica que a oralidade não pode ser vista como o único ponto de partida e a base para a assimilação da escrita. Além disso, diferentes povos produziram formas distintas de estabelecer essa relação, criando diversos sistemas de escrita, cujas características estabelecem condições peculiares para o aprendizado da língua escrita.

A importância da linguagem escrita para o desenvolvimento da consciência não decorre apenas do fato de que ela modifica a estrutura da atividade humana gerando formas mais abstratas e voluntárias de se comunicar, mas da possibilidade maior que se abre para que a própria linguagem se torne um objeto da atividade consciente do homem. Essa característica se torna possível com o uso da escrita, uma vez que essa modalidade, ao contrário da fala, permite voltar quantas vezes for necessário ao enunciado já produzido, o qual pode ser refeito indefinidamente. Dessa forma, a linguagem escrita possibilita o desenvolvimento mais pleno da autoconsciência e o acesso ao saber historicamente acumulado, que são importantes para a formação da consciência crítica e de classe. Por esse motivo, o domínio dos sistemas de escrita, que surgiram no contexto de sociedades escravistas (Mesopotâmia, Egito, América pré-colombiana), foi historicamente sonegado às camadas populares.

Na medida em que a linguagem, especialmente a escrita, se converte na base material da consciência, torna-se possível o surgimento de novas formas de atividade consciente a partir de formulações verbais. A comunicação verbal e a produção de representações da realidade, que inicialmente constituíam momentos indissociáveis do trabalho, tornam-se atividades com relativa autonomia frente a essa atividade, possibilitando o desenvolvimento das formas de trabalho não-material. O trabalho educativo, por exemplo, se insere nessa modalidade de atividade, a qual se apoia basicamente no uso de signos.

Ao mesmo tempo em que essas atividades se encontram livres das limitações da imediaticidade da produção material, podendo assim desenvolver livremente as possibilidades do pensamento e da linguagem, essa autonomização pode se tornar (e se torna, de fato, nas sociedades divididas em classes, como será apontado no próximo tópico) um aprisionamento do pensamento e da linguagem nos seus próprios limites, o que tende a quebrar a sua unidade ontológica com o trabalho material e pode gerar o seu esvaziamento.

Com o surgimento da propriedade privada dos meios de produção, que subtrai daqueles que trabalham o controle sobre os meios e os resultados desse trabalho, e com a divisão social do trabalho, que retira o controle sobre a criação das formas e definição dos fins desse trabalho, a produção da existência humana se torna, no limite, a negação da essência do homem, da sua capacidade de ser sujeito da criação, por meio de uma atividade consciente e livre, das condições que determinam a sua existência.

A alienação do trabalho e suas consequências para a relação entre a consciência e a linguagem

A principal característica do trabalho na sociedade capitalista consiste em que ele não tem como finalidade principal, para os homens que dele participam, a criação de condições mais adequadas de vida para todos, mas consiste apenas em um "meio de vida" para os trabalhadores, e uma forma de assegurar a produção de mais-valia para os capitalistas. O capitalista se apropria dos resultados do trabalho que ultrapassam o necessário para a reprodução do trabalhador. O trabalhador se objetiva nos produtos do trabalho, mas não se apropria deles. O resultado do seu trabalho aparece para o trabalhador representado sob a forma de uma mercadoria: o dinheiro recebido em troca do trabalho. A relação com os outros trabalhadores e consigo mesmo passa a ser mediatizada por essas mercadorias, especialmente pelo dinheiro.

Na medida em que a relação entre os homens se dá por meio da troca de mercadorias, essa relação aparece na consciência como relações entre as coisas, como relações reificadas entre as pessoas e relações sociais entre as coisas (Marx, 2017). Nessas relações de troca, os produtos do trabalho humano adquirem, perante os homens, uma espécie de vida própria e subjugam seus produtores. Marx (2017, p. 148) denomina esse processo como fetichismo das mercadorias:

> [...] na região nebulosa do mundo religioso [...] os produtos do cérebro humano parecem dotados de vida própria, como figuras independentes, que travam relação umas com as outras e com os homens. Assim se apresentam, no mundo das mercadorias, os produtos da mão humana. A isso eu chamo de fetichismo, que se cola aos produtos de trabalho tão logo são produzidos como mercadorias e que, por isso, é inseparável da produção de mercadorias.

Essa fetichização dos produtos do trabalho humano decorre das relações sociais que se criam na produção de mercadorias voltada à ampliação do capital. Os homens produzem, mas não se apropriam do que produziram, nem controlam o processo de produção, por isso seu trabalho se torna estranho a eles. Marx (1993, p. 162) explicita esse aspecto do trabalho alienado (ou estranhado, de acordo com algumas traduções):

> Em primeiro lugar, o trabalho é exterior ao trabalhador, quer dizer, não pertence à sua natureza; portanto ele não se afirma no trabalho, mas nega-se a si mesmo, não se sente bem, mas infeliz, não desenvolve livremente as energias físicas e mentais, mas esgota-se fisicamente e arruina o espírito. Por conseguinte, o trabalhador só se sente em si fora do trabalho, enquanto no trabalho se sente fora de si. Assim, o seu trabalho não é voluntário, mas imposto, é trabalho forçado.

Dessa forma, o trabalho, que se constituiu como atividade fundamental para o desenvolvimento humano, torna-se na sociedade de classes uma forma de desumanização do trabalhador, o qual, em lugar de enriquecer os seus sentidos com novos significados que emanam da produção de riqueza, tende a se limitar aos sentidos mais imediatos que esse trabalho exige e aos sentidos, mais imediatos ainda, que se dão nas atividades fora do trabalho. Os sentidos imediatos que surgem nas atividades que fornecem a satisfação das necessidades biológicas (comer, beber etc.) passam a ser considerados pelos indivíduos como os sentidos realmente humanos, como os seus "impulsos naturais", enquanto os sentidos verdadeiramente humanos, na medida em que exigem a superação dessa imediaticidade que o trabalho alienado reforça, aparecem ao indivíduo como coerções da sociedade, como desumanização. Marx (1993, p. 199) mostra como essa inversão nos sentidos empobrece os significados que a prática humana revela aos homens:

> O sentido, aprisionado sob a grosseira necessidade prática possui unicamente um significado restrito. Para o homem que morre à fome, não existe a forma humana do alimento, mas só o seu caráter abstrato como alimento; poderia igualmente existir na sua forma mais crua e é impossível dizer em que medida esta atividade alimentar se distinguiria da atividade alimentar animal. O homem esmagado

> pelas preocupações, necessitado, não tem qualquer sentido para o mais belo espetáculo; o negociante de minerais vê apenas o seu valor comercial, e não a beleza e a natureza característica do mineral; encontra-se desprovido do sentido mineralógico.

As consequências da alienação do trabalho se manifestam na linguagem pela mediação da natureza própria dos signos. Há poucos estudos analisando com mais detalhe esse processo. Por essa razão, as indicações fornecidas por Volóchinov (2017) são essenciais para a análise desse problema. O autor mostra que as relações de produção se refletem inicialmente na atividade comunicativa. Nesse processo, as relações alienadas criam determinados vínculos hierárquicos entre os sujeitos que se comunicam. Esses vínculos se refletem tanto no conteúdo quanto na forma das enunciações orais e escritas. Segundo ele:

> Existe uma unidade ininterrupta e orgânica entre a forma da comunicação (por exemplo, a comunicação direta e técnica no trabalho), a forma do enunciado (uma réplica curta relacionada ao trabalho) e o seu tema. Portanto, a classificação das formas do enunciado deve apoiar-se na classificação das formas de comunicação discursiva. Já essas formas são inteiramente determinadas pelas relações de trabalho e pelo regime sociopolítico. Em uma análise mais detalhada, veríamos a enorme importância do aspecto hierárquico nos processos de interação discursiva e a influência poderosa da organização hierárquica da comunicação sobre as formas do enunciado. [...] Como sabemos, todo signo surge entre indivíduos socialmente organizados no processo de sua interação. Portanto, as formas do signo são condicionadas, antes de tudo, tanto pela organização social desses indivíduos quanto pelas condições mais próximas da sua interação (Volóchinov, 2017, p. 109).

No contexto de relações hierarquizadas pela condição de classe e pela dominação do trabalhador pela burguesia, a linguagem passa a ser utilizada para legitimar e reforçar relações desumanizadoras que não contribuem necessariamente para o bem-estar de todos, mas apenas se dirigem para a satisfação dos interesses daqueles que ocupam posições superiores na hierarquia social por força do poder conferido pela posse do capital. Ao mesmo tempo, a linguagem passa a ser usada, por trabalhadores que adquirem consciência desse processo de exploração e opressão, como meio de desmascarar e buscar a superação dessas relações. Esse embate entre um tipo de discurso que tenta ocultar as relações de dominação e outro discurso que tenta transformá-las manifesta-se na comunicação oral e escrita através da sua realização como uma atividade dirigida por motivos antagônicos, impregnando tanto o conteúdo quanto a forma das enunciações.

Quando predomina na comunicação esta satisfação de impulsos e necessidades imediatas, instalados pela forma alienada como se dá a atividade humana na sociedade capitalista, a linguagem se converte em instrumento de manipulação dos outros em vez do enriquecimento das relações interpessoais. Os sentidos que tendem a ser gerados no indivíduo em decorrência dessa forma de atividade não possibilitam uma apropriação plena do caráter humano objetivado nos produtos e da humanidade presente nos próprios indivíduos. Os outros indivíduos não são percebidos, nesse caso, como criadores de necessidades novas, mas como meios para satisfazer necessidades imediatas.

Todo esse processo gera, no indivíduo, sentidos conflitantes, uma vez que ele se encontra em contato e intercâmbio com a natureza humanizada e com os outros homens, com os quais não pode deixar de se relacionar para sobreviver, o que cria uma tendência para a criação de sentidos humanos, inerentes ao trabalho como atividade vital. Contudo, a sua relação com esse mundo humanizado tende a se dar em função dos sentidos mais imediatos gerados pelas atividades esvaziadas nas quais a natureza e os outros homens tendem a ser vistos como meios de satisfação de necessidades imediatas.

Portanto, na comunicação gerada pelo trabalho alienado, os significados das palavras, frases e outras formas do discurso e dos textos, em lugar de representarem a realidade de forma objetiva, constituem um terreno de luta entre as concepções que querem desvelar essa realidade (sobretudo a realidade da exploração do trabalho) e as tentativas de mascarar essa realidade. Nesse contexto, os signos não são apenas uma objetivação de significados, mas se tornam, na expressão de Volóchinov (2017, p. 113), um "palco"[1] onde se desenvolve a luta de classes. Esse conflito tem um aspecto positivo na sociedade de classes, na medida em que possibilita que o signo possa evoluir, pelo choque de interesses opostos que se abrigam no seu interior, tornando-se um elemento vivo no sistema da linguagem. No entanto, esse mesmo conflito faz do signo um instrumento de deformação do reflexo da realidade no pensamento humano, pois a classe dominante procura abafar os embates e apresentar os significados como unívocos e monovalentes. A significação, como expressão no pensamento de relações objetivas, se esvazia quando se tenta conter as suas contradições objetivas.

No entanto, o embate de ideologias, sentidos e valores no interior do discurso pode resultar em um esvaziamento do significado, quando esse conflito de interesses permanece oculto aos sujeitos. Nesse caso, a forma exterior da expressão acaba se tornando o aspecto mais importante da comunicação, já que um questionamento do significado das palavras e expressões pode fazer aflorar os conflitos latentes. Esse processo foi denominado por Volóchinov (2017, p. 321) como objetificação da palavra[2]:

> Na consciência linguística, as camadas tipificadoras e individualizantes do enunciado se diferenciaram tanto que encobriram e relativizaram por completo o seu núcleo semântico, a posição social responsável realizada nele. É como se o enunciado deixasse

---

1 Cito a tradução mais recente do livro "Marxismo e Filosofia da Linguagem". Embora não tenha sido possível fazer uma comparação sistemática com a tradução anterior, como leitor dos dois textos, chamam a atenção algumas escolhas que, embora possam ser as mais adequadas do ponto de vista do conhecimento técnico da língua russa, parecem dialogar menos com a terminologia consagrada no campo do marxismo do que a tradução anterior, ainda atribuída a Bakhtin, feita a partir do francês (Bakhtin; Volochinov, 1986). No texto anterior, foi utilizada a palavra "arena" em lugar de "palco", o que parece expressar melhor o sentido de lugar ou espaço de confronto onde se dá a luta de classes.

2 Na tradução anterior (Bakhtin; Volochinov, 1986), foi utilizado o termo "reificação", que, embora seja um sinônimo possível para objetificação e se refira ao mesmo fenômeno de esvaziamento temático e semântico, parece dialogar de modo mais explícito com a tradição do materialismo histórico.

> de ser objeto de uma consideração semântica séria. [...] O discurso científico das artes, da retórica, da filosofia e das humanidades se torna um reino das "opiniões", das opiniões pressupostas, e mesmo nessas opiniões sobressai em primeiro plano não aquilo que propriamente se expressa nelas, mas "como" elas são compreendidas de modo individual e típico. Esse processo nos destinos da palavra da Europa burguesa atual e em nosso país (quase até nos tempos atuais) pode ser definido como objetificação da palavra, como diminuição do tematismo da palavra.

Dessa forma, a descontextualização da linguagem (especialmente a escrita) em relação à atividade humana, que representou um movimento essencial para que a linguagem e o pensamento se desenvolvessem plenamente como atividades relativamente autônomas frente ao trabalho, criando formas cada vez mais ricas e elaboradas de pensamento e de comunicação, pode conduzir a uma reificação das palavras e dos produtos da atividade intelectual. A comunicação, em lugar de servir primordialmente para o intercâmbio de significados que enriqueçam a experiência individual, transforma-se numa atividade em que as palavras e as frases "se relacionam entre si", são recebidas e compartilhadas sem uma compreensão mais profunda, apenas expressando os sentidos emocionais mais imediatos, o que priva os sujeitos desse discurso das condições para um desenvolvimento pleno da sua consciência.

Dessa forma, o esvaziamento da atividade de comunicação, decorrente da alienação do trabalho, tende a provocar a desintegração da unidade entre a linguagem, o pensamento e a atividade humana. Essa desintegração se reflete em todas as funções da consciência, cujo desenvolvimento se apoia na linguagem: a percepção, a memória, o pensamento, a imaginação, a emoção, a vontade etc. Em cada uma dessas funções e na correlação entre elas, o esvaziamento da linguagem tende a bloquear a apropriação, pelo indivíduo, dos significados elaborados socialmente e, consequentemente, a formação de sentidos efetivamente humanos.

Com o esvaziamento da linguagem, as palavras são assimiladas sem que ocorra a incorporação ao pensamento de todo o sistema de relações em que essas palavras se inserem enquanto parte de uma concepção mais elaborada sobre a realidade. Quando as palavras são assimiladas apenas no seu sentido cotidiano e não como conceitos científicos que fazem parte de uma determinada teoria ou concepção, o pensamento do sujeito tende a ficar nos limites do que Vigotski (2001) denominou pseudoconceitos, cuja característica principal é o predomínio dos traços empíricos mais evidentes dos objetos. O uso de pseudoconceitos e outras formas de pensamento concreto-imediato (Luria, 1987) constitui uma etapa necessária no desenvolvimento da criança e se manifesta também no pensamento do adulto, especialmente na vida cotidiana. Nessas duas situações, essa forma de pensar não chega a ser ainda, necessariamente, um reflexo da alienação. No entanto, quando esse tipo de pensamento se petrifica, o indivíduo passa a ter dificuldade para utilizar conceitos, categorias e relações lógicas no seu pensamento. Nessas condições, o esvaziamento do significado da linguagem prejudica o desenvolvimento do pensamento lógico-verbal (Luria, 1987), que é imprescindível para uma compreensão teórica dos dados percebidos na prática e na reflexão sobre essa prática, bem como para o desenvolvimento de formas mais elaboradas da consciência, como a consciência crítica e a consciência de classe.

Consequentemente, cria-se um círculo vicioso em que os pseudoconceitos assimilados por meio de uma linguagem esvaziada dirigem a percepção da realidade e contribuem para uma fixação da consciência do indivíduo aos aspectos mais evidentes dessa realidade, o que acaba "confirmando" esses pseudoconceitos, cuja base é exatamente a ausência de superação da dimensão fenomênica do real. Na ausência de um pensamento abstrato e conceitual mais desenvolvido, a reação ao discurso alheio fica centrada nas emoções que esse discurso suscita. Embora a emoção e a razão sejam inseparáveis, quando uma reação emocional se apresenta como força determinante do pensamento, a própria atividade da consciência como um todo fica prejudicada (Vygotsky, 1993). Se a lógica das reações emocionais imediatas passa a dirigir o pensamento, fica praticamente inviabilizada a comunicação e a própria vivência de emoções reais.

A linguagem esvaziada, em que o mais importante é a forma como as palavras e frases são ditas e a reação emocional que provocam nos outros, presta-se a essa inversão. A linguagem, nesse caso, tende a se tornar mero "contágio de estados afetivos", analogamente ao que ocorre nos animais, com uma desvantagem para o homem: entre os animais, esse tipo de contágio serve à sobrevivência da espécie, ao passo que, na comunicação esvaziada, representa uma espécie de "morte" da consciência e do pensamento crítico.

Esse processo de esvaziamento também se reflete na capacidade humana de imaginar. A imaginação é uma função essencial ao desenvolvimento da consciência humana, na medida em que permite criar no pensamento uma representação do vir a ser da realidade, das possibilidades que ainda não existem, mas podem existir. A imaginação e a fantasia são necessárias até mesmo para que o indivíduo se aproprie dos conhecimentos acumulados historicamente, pois uma boa parte deles consiste na narração de fatos vivenciados por outras pessoas, que é preciso imaginar para poder apreender (Vigotski, 2014).

No entanto, na sua forma dirigida por este processo de redução da linguagem à expressão de impressões e emoções imediatas, a atividade psíquica como um todo e a imaginação em particular tendem a assumir a forma de um pensamento "autista". Segundo Vygotsky (1993, p. 435), esse pensamento autista se dá quando "[...] *a consecuencia de las condiciones de la educación, el niño obtiene una actitud falsa, deformada, respecto a la realidad*". A descrição desse fenômeno pelo autor é importante para a compreensão da alienação na linguagem:

> La esencia de ello consiste en que esa actividad está subordinada a intereses emocionales. Se realiza en lo fundamental gracias al placer inmediato, que se extrae de esa actividad, gracias a que junto a ello se provoca una serie de sensaciones agradables y gracias por fin a que una serie de intereses e impulsos emocionales obtiene una satisfacción ficticia evidente, que es también una sustitución de la satisfacción real de procesos emocionales. Por consiguiente, el pensamiento en este sistema psíquico se convierte en una especie de sirviente de las pasiones, en una especie de subordinado de los impulsos e intereses emocionales y nos encontramos en realidad ante una actividad psíquica que se caracteriza

> por una relación peculiar entre el proceso de las emociones y el del pensamiento y con la fusión que denominamos forma visionaria de la imaginación (Vygotsky, 1993, p. 435).

Essa forma de pensamento, embora Vygotsky (1993) não utilize explicitamente este conceito, pode ser interpretada como uma forma de autoalienação, por meio da qual o indivíduo se satisfaz com a sua imaginação visionária e desenvolve uma consciência deturpada da realidade em que se encontra. Portanto, o esvaziamento da linguagem empobrece a imaginação do indivíduo, cerceando as suas possibilidades de superar a imediaticidade da prática (na sua forma alienada) e quebrar a reação emocional direta que esse imediato desencadeia na sua consciência.

Dessa forma, o processo de alienação, cuja raiz se encontra nas relações de produção, tende a dirigir a consciência de cada indivíduo no seu movimento de apreensão da realidade (mantendo essa apreensão no plano do imediatamente perceptível), de reação a essa realidade (limitada às emoções imediatas) e até mesmo de imaginação (direcionada para a imaginação visionária, desvinculada das possibilidades efetivas), condicionando a sua atividade em todas as esferas e circunstâncias e, dessa maneira, diminuindo a possibilidade de formação de uma consciência crítica e de classe. Esse processo gera os leitores "dorminhocos" ou sonâmbulos que o escritor ironiza na epígrafe deste capítulo.

A atividade humana, na sua forma alienada, pode levar a esse esvaziamento, uma vez que a unidade entre a linguagem, o pensamento e a atividade é um produto dessa mesma atividade humana, não é uma unidade já assegurada para os homens e para cada indivíduo, mas precisa ser criada por meio da apropriação das formas mais humanas de linguagem, pensamento e atividade. Essa é a razão pela qual se torna fundamental buscar um processo de alfabetização e ensino da língua escrita emancipatório, voltado ao desenvolvimento humano de cada aluno e tendo como horizonte a superação da sociedade capitalista, já que há uma impossibilidade objetiva de realização plena desse desenvolvimento nos limites da sociedade atual.

Algumas implicações para o processo de alfabetização e ensino da língua

Dadas as considerações teóricas apresentadas nos tópicos anteriores, podemos apontar algumas implicações para a alfabetização e o ensino da língua escrita:

1 É essencial que a alfabetização e o ensino da língua coloquem os alunos em contato com textos clássicos da literatura nacional e universal. Dermeval Saviani tem apontado a relevância do conceito de clássico como uma referência para a seleção dos conteúdos e para a compreensão dos fenômenos educacionais. Segundo o autor:

> Clássico é aquilo que resistiu ao tempo, logo sua validade extrapola o momento em que ele foi proposto. É por isso que a cultura greco-romana é considerada clássica; embora tenha sido produzida na Antiguidade, mantém-se válida, mesmo para as épocas posteriores. De fato, ainda hoje reconhecemos e valorizamos elementos que foram elaborados naquela época. É nesse sentido que se considera Descartes um clássico da filosofia moderna. Aqui o clássico não se identifica com o antigo, porque um moderno é também considerado um clássico. Dostoiévski, por exemplo — segundo a periodização dos manuais de história, um autor contemporâneo — é tido como um clássico da literatura universal. Da mesma forma, diz-se que Machado de Assis é um clássico da literatura brasileira, apesar de o Brasil ser mais recente até mesmo que a Idade Média, quanto mais que a Antiguidade (Saviani, 2011, p. 87).

Na mesma direção, Elaine Duarte (2002), em sua tese de doutorado, aponta que os textos clássicos da literatura infantil trazem uma contribuição inestimável para a formação da consciência da criança, deixando marcas (rumores) por toda a vida. O texto clássico materializa um conjunto de significados e sentidos que foram sendo lapidados e enriquecidos ao longo da história, além de expressar formas de discurso mais elaboradas. A leitura desses textos traz uma contribuição decisiva para a formação dos sentidos do aluno, não apenas para poderem apreciar a literatura, mas para se colocarem diante das grandes questões e dilemas do desenvolvimento humano, representadas artisticamente na trajetória das personagens. Possibilitar aos estudantes da classe trabalhadora a vivência, ainda que seja na imaginação, de situações distantes da sua vida cotidiana é fundamental para que possam sonhar com um mundo e uma sociedade para além dos estreitos limites do capitalismo.

2 Não basta, no entanto, o contato direto com os textos clássicos, é necessário um trabalho educativo que estimule o diálogo e o debate com as ideias contidas nesses textos, que também são fruto das contradições da sociedade e da época em que foram produzidos. No caso de um dos nossos projetos, por exemplo, trazemos o conto "Chapeuzinho Vermelho" e depois a releitura "Chapeuzinho Amarelo". Esse diálogo intertextual, em que palavras e antipalavras se cruzam e se sobrepõem em planos discursivos conflitantes (Volóchinov, 2017), ajuda a revelar os sentidos subjacentes aos textos e pode estimular os alunos a conduzirem a sua leitura de modo a dessacralizar a palavra escrita, romper com seu caráter de monumento e buscar a sua própria releitura. Ao mesmo tempo, é necessário chamar a atenção para a dimensão ideológica presente nos textos, especialmente em relação aos aspectos da ideologia dominante, que, por estarem naturalizados na sociedade atual, podem passar despercebidos. Um exemplo que pode ser dado é um pequeno texto recolhido por nós em uma cartilha de alfabetização. Trata-se de uma atividade que tem como referência a fábula "A cigarra e a formiga" (Demasi; Hülle, 2018). A versão apresentada, embora seja uma reescrita contemporânea, finaliza com a formiga se recusando a acolher a cigarra e destaca a moral: "os preguiçosos nada têm a colher". Posteriormente há um exercício em que o aluno deve completar com F ou V as palavras do seguinte poema:

FORMIGA

___F___ORMIGA É TRABALHADORA,
NÃO PARA PRA DESCANSAR. ponto azul

NO ___V___ERÃO OU NO IN___V___ERNO
SEU NEGÓCIO É TRABALHAR. ponto azul

FORMIGA É BICHO ENGRAÇADO,
TRABALHA MAIS DO QUE GENTE. ponto azul
CARREGA UM PESO DANADO

SEMPRE ___F___ELIZ E CONTENTE. ponto azul

[...]

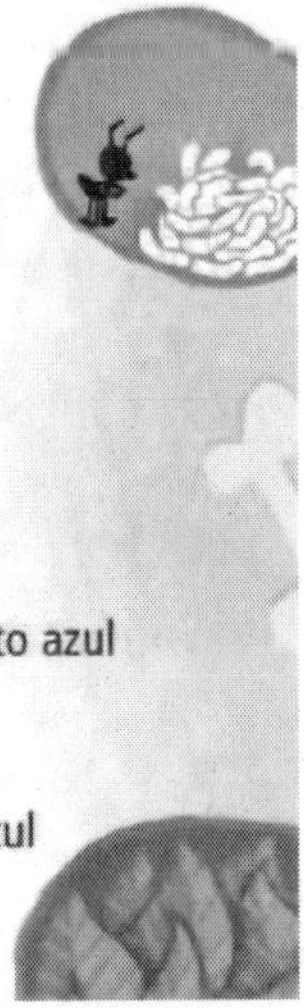

FONTE: Demasi e Hulle (2018, p. 210).

O poema prossegue com a analogia entre formigas e humanos, comparando o formigueiro com uma cidade e recomendando que o leitor vá observar as formigas. Nesse exercício, a atividade do aluno é somente completar as lacunas, e as orientações didáticas dirigidas ao professor se fixam nos aspectos formais, naturalizando seu conteúdo. Não se trata aqui de fazer um julgamento desse texto ou do livro como um todo, mas somente sugerir alguns questionamentos que poderiam ser feitos, a partir da própria analogia proposta: O que é ser trabalhador ou trabalhadora? É trabalhar sem descanso? Descansar é ser preguiçoso? Devemos estar sempre felizes e contentes mesmo trabalhando em situações de frio, calor ou carregando peso excessivo? Vale ressaltar que um texto como esse, que contém elementos da ideologia dominante, também pode servir para confrontar essa ideologia se for objeto de uma leitura crítica e de um debate, mas é necessário que o professor esteja atento a essa questão. Os estudos sobre o viés ideológico nos livros didáticos estiveram em voga nos anos de 1980, mas parecem ter ficado esquecidos. Quem sabe seria o momento para retomar esse tema em outras bases.

3 É necessário ressignificar o conceito dominante de leitura que a reduz a um processo de decodificação e resgatar sua centralidade na alfabetização e no ensino da língua. A influência do construtivismo contribuiu para colocar a produção de textos como atividade central do aprendizado da escrita, secundarizando a leitura. Para acentuar esse problema, mesmo no campo da abordagem histórico-cultural há defensores de que o ponto de partida do ensino deveria ser o texto produzido pelo aluno de forma "livre" e "espontânea". Essas produções "espontâneas", por sua vez, são, com frequência, consideradas a real expressão do pensamento do aluno, sem que seja problematizada a influência da ideologia dominante na consciência desse aluno e na sua linguagem.

Ao mesmo tempo, a abordagem do associacionismo behaviorista, defensora dos métodos fônicos, reduziu o conceito de leitura ao processo de decodificação, separando por completo esse processo da compreensão do que é lido. Essa redução penetrou no senso comum, a ponto de ser muito frequente ouvir a expressão "leitura e compreensão de textos", como se fosse possível ler um texto sem que o conteúdo tenha sido compreendido. Evidente que a compreensão implica níveis diversos de profundidade, a depender da natureza do texto, mas essa separação reflete o problema da alienação na linguagem que procuramos apontar, pois estimula o leitor a permanecer na superfície do texto, deixando a compreensão para um momento posterior.

4 No caso específico da alfabetização, a elevação da consciência do aluno a níveis mais complexos traz a necessidade de abordar o significado e o sentido das palavras que são utilizadas para ensinar a ler e apresentar as relações grafema-fonema. Como destacou Volóchinov (2017), a classe dominante procura ocultar o caráter polissêmico e contraditório das palavras, sobretudo os acentos apreciativos conflitantes que expressam as batalhas ideológicas decorrentes da luta de classes. Uma das formas de reproduzir esse esvaziamento do discurso, que está muito presente nos mais diferentes materiais didáticos, é a apresentação de uma palavra-chave acompanhada de uma imagem, que seria uma representação do seu significado. Vale lembrar que o sentido específico de uma palavra

depende do texto e da situação de enunciação em que ela está inserida. Sendo assim, a apresentação ao aluno de palavras isoladas, desarticuladas da comunicação social, cria uma situação favorável ao esvaziamento do seu significado histórico-social e à reificação do seu sentido mais superficial, geralmente articulado às ideias dominantes.

Ao mesmo tempo, as orientações para o trabalho com essas palavras não incluem nenhuma atividade de compreensão ativa e questionadora do seu significado e sentido, o que acaba naturalizando os sentidos dominantes. Essa ausência de maior criticidade no trabalho com a linguagem escrita se manifesta inclusive em estudos que se fundamentam na psicologia histórico-cultural e na pedagogia histórico-crítica. Alguns desses estudos (Dangió, 2017; Saccomani, 2018) têm indicado como proposta metodológica para a alfabetização o uso de determinadas técnicas de ensino como as "fichas de palavras" e as "caixas de Elkonin", considerando que esse autor, por ter se baseado na escola de Vygotsky, teria criado uma proposta coerente com os pressupostos do materialismo dialético e histórico. Não cabe aqui uma análise dessas técnicas, mas um fato que deveria despertar a atenção dos pesquisadores é que a sugestão de uso das caixas de Elkonin, por exemplo, foi incorporada ao conjunto de atividades propostas no material do programa Tempo de Aprender (BRASIL, 2020), vinculado à Política Nacional de Alfabetização (PNA), cujo fundamento pedagógico é o tecnicismo. Considerando as atividades citadas nesse material e o arcabouço da PNA, caberia indagar: o ensino sistemático das relações grafema-fonema, produzindo no aluno o automatismo na decodificação de palavras e, portanto, liberando a atenção para um futuro foco no significado é o elemento central de uma proposta histórico-crítica de alfabetização? O que diferencia essa proposta da abordagem tecnicista implícita nos métodos fônicos?

Essa pergunta remete a questões de fundo que têm perpassado o debate sobre a construção da pedagogia histórico-crítica ao longo da sua história: a) basta ao educador histórico-crítico ensinar de forma eficiente os conteúdos escolares, oferecendo aos alunos o conhecimento nas suas formas mais elaboradas?; b) a assimilação dos conteúdos da cultura letrada e clássica pelos alunos das classes populares conduz necessariamente à elevação da sua consciência na direção de uma consciência crítica e de classe?; c) os conhecimentos científicos, artísticos e filosóficos estão isentos da influência da ideologia dominante?; d) o desenvolvimento humano do indivíduo, tal como descrito pela psicologia histórico-cultural, seria o principal parâmetro para pensar a organização da escola e da sala de aula? Cabe à Psicologia, mesmo aquela que se fundamenta no marxismo, ter essa primazia como fundamento da didática e da prática pedagógica histórico-crítica?

Não estamos aqui desconsiderando a imensa contribuição que a bandeira da garantia de acesso da classe trabalhadora às formas mais elaboradas da cultura erudita tem dado para apoiar a resistência dos educadores na sua luta diuturna contra as tentativas de esvaziamento da escola pública. O embate com outras correntes pedagógicas, especialmente as chamadas pedagogias do "aprender a aprender", tem sido fundamental para isso, e é importante que continue, mas talvez seja possível e necessário ir além.

O que se pretendeu com o presente texto foi somente alertar para alguns aspectos dessa problemática e despertar os pesquisadores deste campo para a necessidade de avançar mais na elaboração de categorias teóricas e propostas práticas de ensino em que a transmissão dos conteúdos esteja indelevelmente impregnada de uma visão crítica de mundo, uma ideologia articulada aos interesses populares, desenvolvendo nos alunos sentidos e valores voltados à superação da sociedade capitalista e à construção de uma sociedade sem classes.

REFERÊNCIAS

BAKHTIN, Mikhail; VOLOCHINOV, Valentin. *Marxismo e Filosofia da linguagem:* problemas fundamentais do método sociológico na ciência da linguagem. 3. ed. São Paulo: HUCITEC, 1986.

BRASIL. Ministério da Educação. *Práticas de Alfabetização:* livro de atividades. v. 1, Brasília: MEC, 2020.

DANGIÓ, Meire Cristina dos Santos. *A alfabetização sob o enfoque histórico-crítico:* contribuições didáticas. 2017. Tese (Doutorado em Educação Escolar) — Faculdade de Ciências e Letras de Araraquara, Universidade Estadual Paulista Julio de Mesquita Filho, Araraquara, 2017.

DEMASI, Angélica Alves Prado; HÜLLE, Cristina Tibiriçá. *Conectados língua portuguesa, 1o ano:* componente curricular língua portuguesa: ensino fundamental, anos iniciais. São Paulo: FTD, 2018.

DUARTE, Elaine Cristina Melo. *A alfabetização como ingresso no mundo da cultura escrita:* contribuições de Antonio Gramsci para os estudos sobre alfabetização na perspectiva da pedagogia histórico-crítica. 2022. Tese (Doutorado em Educação Escolar) — Faculdade de Ciências e Letras de Araraquara, Universidade Estadual Paulista Julio de Mesquita Filho, Araraquara, 2022.

ENGELS, Friedrich. O papel do trabalho na transformação do macaco em homem. *In*: ENGELS, Friedrich *et al.* (ed.). *Consequências da evolução do homem*. Cadernos de teoria do conhecimento. Porto: Edições Rés, 1975. p. 5-28.

LEONTIEV, Alexei. *Desenvolvimento do Psiquismo*. 2. ed. Lisboa: Livros Horizonte, 1978.

LURIA, Alexander Romanovich. *Pensamento e linguagem:* as últimas conferências de Luria. Porto Alegre: Artes Médicas, 1987.

MARTINS, Onilza Borges; MOSER, Alvino. Conceito de mediação em Vygotsky, Leontiev e Wertsch. *Revista Intersaberes*, v. 7, n. 13, p. 8-28, jan./jun. 2012. Disponível em: https://www.revistasuninter.com/intersaberes/index.php/revista/article/view/245. Acesso em: 15 jan. 2024.

MARX, Karl. *Manuscritos Económico-filosóficos*. Lisboa: Edições 70, 1993.

MARX, Karl. *O Capital*. Livro I. São Paulo: Boitempo, 2017.

MARX, Karl; FRIEDRICH, Engels. *A ideologia alemã*. São Paulo: Boitempo, 2007.

SACCOMANI, Maria Claudia da Silva. *A importância da educação pré-escolar para o desenvolvimento da linguagem oral e escrita:* contribuições à luz da pedagogia histórico-crítica e da psicologia histórico-cultural. 2018. Tese (Doutorado em Educação Escolar) — Faculdade de Ciências e Letras de Araraquara, Universidade Estadual Paulista Julio de Mesquita Filho, Araraquara, 2018.

SANTOS, Elinaldo Leal; BRAGA, Vitor; SOUZA SANTOS, Reginaldo; BRAGA, Alexandra Maria da Silva. Desenvolvimento: um conceito multidimensional. *Desenvolvimento Regional em Debate*, v. 2, n. 1, p. 44-61, jan./jun., 2012. Disponível em: https://www.redalyc.org/pdf/5708/570862004004.pdf. Acesso em: 15 jan. 2024.

SAVIANI, Dermeval. *Pedagogia histórico-crítica:* primeiras aproximações. Campinas: Autores Associados, 2011.

SCHAFF, Adam. *Introdução à semântica*. Rio de Janeiro: Civilização Brasileira, 1968.

SCHAFF, Adam. *Linguagem e conhecimento*. Lisboa: Livraria Almedina, 1974.

VIGOTSKI, Lev Semionovitch. *A construção do pensamento e da linguagem*. São Paulo: Martins Fontes, 2001.

VIGOTSKI, Lev Semionovitch. *Imaginação e criatividade na infância*. São Paulo: Martins Fontes, 2014.

VYGOTSKY, Lev Semionovitch. *Obras Escogidas*. Madrid: Visor, 1993. Tomo II.

VYGOTSKY, Lev Semionovitch. *Obras Escogidas*. Madrid: Visor, 2002. Tomo III.

VOLÓCHINOV, Valentin. *Marxismo e filosofia da linguagem:* problemas fundamentais do método sociológico na ciência da linguagem. São Paulo: Editora 34, 2017.

CAPÍTULO 3

CONCEPÇÕES DE LEITURA: ESPECIFICIDADES TEÓRICO-METODOLÓGICAS À LUZ DA PEDAGOGIA CRÍTICA

ROSÂNGELA PEDRALLI

ALINE CASSOL DAGA CAVALHEIRO

O que os marcos teóricos do campo da linguística aplicada têm priorizado na discussão sobre leitura: problematização e objeto

A leitura tem se constituído como um importante objeto de estudo do campo da Linguística Aplicada, sobretudo de investigações que focalizam o ensino e a aprendizagem de língua portuguesa. Isso porque, afora um conjunto amplo de aspectos, os marcos legais para a educação no país têm proposto uma organização do ensino nesse componente curricular em quatro eixos[1], dentre os quais figura a leitura. Nesses documentos, importa a consideração de que, ainda que leitura apareça como um eixo distinto, sua tomada se dá, muitas vezes, na estreita relação com o desenvolvimento de outro eixo não numa relação dialética, mas como eixo convertido em etapa em favor do outro, por exemplo, da produção textual escrita.

Em correlação com tal marcação, do ponto de vista acadêmico:

1 Para registro: produção textual, leitura, análise linguística e oralidade — Parâmetros Curriculares Nacionais (Brasil, 1997) e Base Nacional Comum Curricular (Brasil, 2017).

> Sem dúvida, a escolha dessa temática de pesquisa esteve influenciada pelas constantes informações da mídia impressa e televisiva sobre as crises de leitura na escola, com atribuição da responsabilidade pelo problema aos professores, em geral, pela sua suposta "má formação" (Kleiman; Vianna; De Grande, 2019, p. 727).

Essas informações repercutem, muitas vezes, dados aos quais se chegou via avaliações em larga escala com enfoque na identificação de níveis de alfabetismo, o que não é preciso de muito refinamento analítico para identificar que simplifica e encobre as múltiplas determinações que envolvem o fenômeno da leitura, quando tomado na dimensão sociocultural e não meramente cognitiva.

Nesse sentido, importa registrar que não desconsideramos com tal pontuação a inegável participação dessa dimensão nas ações humanas que envolvem a leitura. Contudo, vemos com muita cautela tomadas assépticas da leitura e pautadas cientificamente apenas em áreas que evidentemente forneceram subsídios teórico-descritivos às pesquisas sobre leitura em língua portuguesa/materna, a exemplo da Psicolinguística, da Psicologia Cognitiva, da Linguística Textual, da Análise do Discurso e da Linguística Aplicada (Kleiman; Vianna; De Grande, 2019), mas que parcializam o fenômeno ao cindirem-no em dimensão cognitiva ou dimensão sociocultural, ou ainda que proponham uma conciliação de ambos.

Na Linguística Aplicada, área na qual se concentram majoritariamente os estudos sobre ensino e aprendizagem de línguas, a concepção predominante de leitura é como prática social, o que ganhou proeminência a partir da década de 1990 com o desenvolvimento de diversas abordagens sócio-históricas. Nesse sentido, sob a influência dos estudos do letramento, as pesquisas passaram a considerar os modos de ler dos sujeitos relacionados aos contextos e às múltiplas e heterogêneas funções da leitura (Kleiman, 2004). Em síntese, pode-se dizer que predomina uma abordagem conciliadora, a qual, pautando-se na relação autor-texto-leitor, lida com o processamento cognitivo no bojo das práticas sociais de uso da língua.

À luz dessas considerações, no presente capítulo, com o objetivo de produzirmos uma contribuição ao campo da Educação Linguística na forma de um redimensionamento da concepção de leitura a partir de uma concepção pedagógica crítica, (i) retomaremos elementos teórico-conceituais e do fundamento crítico indispensáveis para a discussão proposta; (ii) apresentaremos e discutiremos alguns elementos teórico-conceituais mais ou menos clássicos no campo em causa, a fim de identificar em que medida eles poderiam ser incorporados em superação na produção dessa concepção de leitura com alinhamento à pedagogia crítica; (iii) tomando a função social de instâncias formativas como a escolar e a acadêmica, discutiremos as especificidades da leitura, quer seja na atividade de estudo ou de fruição estética. É, pois, isso que segue na continuidade do texto.

Elementos teórico-conceituais e fundamentos indispensáveis para a discussão proposta

Assumir a pedagogia crítica como concepção a partir da qual se busca contribuir para o redimensionamento da concepção de leitura significa alinhar-se a um fundamento revolucionário, na medida em que tal concepção repercute bases marxistas. Isso porque, conforme explica Saviani (1983), as tendências pedagógicas se dividiriam em três grandes blocos, a saber: o das pedagogias não críticas, incluindo tradicionalistas, escolanovistas e tecnicistas; o das crítico-reprodutivistas, que não representariam propostas para o ensino escolar, mas tensionariam seus limites, suas contradições e sua subordinação aos interesses do capital; e o das pedagogias críticas, que reconheceriam os aspectos levantados pelos crítico-reprodutivistas, mas entenderiam haver uma importante contribuição das instâncias formais de educação, escolares e universitárias, à formação do pensamento teórico para a consciência de classe dos indivíduos, por sua vez condição para o vislumbre de possibilidades de transformação social.

Convergindo com a aposta dessa última tendência pedagógica, a coletividade humana, segundo a mencionada base marxista, é reconhecida como produtora da realidade. Essa realidade, que é, assim, humano-social, se dá a conhecer às futuras gerações na forma de objetos materiais e imateriais, os quais portam atividade humana concentrada. Trata-se de um importante aspecto da formação humana, na direção de reconhecer-se como histórico, tanto a apropriação desses objetos quanto a objetivação na realidade social compartilhada a partir da incorporação deles na nossa constituição, fazendo-o de forma consciente — de nossa pertença histórica e da não naturalidade da estruturação social a que chegamos — e, assim, crítica.

Duarte (2013, p. 26-27) realiza uma importante síntese sobre a mencionada dinâmica entre apropriação e objetivação para a formação humana, qual seja:

> O ser humano, ao produzir os meios para a satisfação de suas necessidades básicas de existência, ao produzir uma realidade humanizada pela sua atividade, humaniza a si próprio, posto que a transformação objetiva é acompanhada da transformação subjetiva. [...] Ao se apropriar da natureza, transformando-a para satisfazer suas necessidades, o ser humano objetiva-se nessa transformação. Por sua vez, essa atividade humana objetivada nos produtos e fenômenos culturais passa a ser ela também objeto de apropriação, isto é, o ser humano deve se apropriar daquilo que de humano ele criou.

Não é demais registrar que a leitura assume papel fundamental nesse processo de apropriação, senão por outros motivos, pelo fato de a sociedade ter priorizado, historicamente, a forma de sistematização dos conhecimentos produzidos em objetos culturais majoritariamente escritos, o que implica que se apropriar da realidade humano-social envolve, sobretudo, apropriar-se de objetos culturais disponíveis em simbolização escrita. Nesses termos, vale ter presente que, ainda a partir da contribuição de Duarte (2013, p. 14), convergente com a tradição marxista, "A linguagem escrita também é uma objetivação genérica [...]", resultante, portanto, dessa mesma atividade humana e assim também devendo ser apropriada. Sua apropriação, como defende Vygotski (1995), significa uma virada cultural importante para os indivíduos, já que, dentre outras questões, permite a apropriação autônoma das produções disponibilizadas na cultura.

Essas produções, como já dissemos, materializam-se em objetos culturais que portam atividade humana concentrada, as quais se dão em diferentes campos/esferas sociais. Tais esferas, por sua vez, lidam em maior ou menor densidade com os modos historicamente estruturadores dos conhecimentos: o campo artístico, o científico e o filosófico, habitualmente, por isso mesmo, privilegiados pelas instâncias formais de ensino. Os objetos em menção comportam ideias, valores, visões de mundo, muitas vezes antagônicos, que precisarão ser apropriados como formas de representação da realidade humano-social, e não como a realidade em si. Para isso, o modo como se concebe leitura e os tipos de objetos culturais que serão destacados em projetos formativos, que visam também à formação de leitores para a formação humana, precisam ser permanentemente revistos.

Na próxima seção, nesse sentido, retomaremos as formas "clássicas" de tratamento dessas questões no campo do ensino e da aprendizagem de língua portuguesa.

Alguns elementos teórico-conceituais "clássicos" na discussão sobre leitura: possibilidades de incorporá-los superando-os pela abordagem crítica

No que compete especificamente à leitura em sua tomada na relação com um dos compromissos próprios das instâncias formais de ensino, o da formação de leitores para a formação humana, parece suficientemente evidente sua centralidade no processo sobretudo de apropriação e sua potencialidade, ao mesmo tempo, na objetivação da subjetividade. Afora tais incontestáveis centralidade e potencialidade, quando lidamos com processos de leitura em espaços sociais destinados à promoção da formação humana, como defendemos serem as instituições escolares e acadêmicas (Pedralli; Thessing; Chraim, 2022), é importante que tenhamos presente a natureza da relação com os objetos culturais que deverão ser apropriados pela via da leitura. Trata-se de uma relação eminentemente de estudo e de fruição estética no caso específico do texto literário, para além da relação de interação num sentido mais genérico — "eu e o outro mediados pela escrita", ou algo que o valha.

As principais contribuições no âmbito do ensino e da aprendizagem de língua portuguesa acerca da concepção de leitura, contudo, parecem estruturar-se justamente a partir dessa noção de interação, especificamente do texto como objeto desencadeador de uma interação entre leitor e autor. De acordo com Antunes (2003, p. 80), evocada aqui pontualmente pela síntese adequada sobre essa noção, "[...] qualquer texto precisa ser lido como sendo o lugar de um encontro: entre quem escreveu e quem lê". Sob essa forma de concebê-la, no mais das vezes, a realidade humano-social, numa lógica de totalidade, fica parcializada, ou mesmo secundarizada. Consideramos representativo dessa forma de posicionar a leitura, que concorre para a hegemonia, o expresso também por Geraldi (1991, p. 166), na forma da metáfora do bordado:

> O produto do trabalho de produção se oferece ao leitor, e nele se realiza a cada leitura, num processo dialógico cuja trama toma as pontas dos fios do bordado tecido para tecer sempre o mesmo e outro bordado, pois as mãos que agora tecem trazem e traçam outra história. Não são mãos amarradas — se o fossem, a leitura seria reconhecimento de sentidos e não produção de sentidos; não são mãos livres que produzem o seu bordado apenas com os fios que trazem nas veias da sua história — se o fossem, a leitura seria um outro bordado que se sobrepõe ao bordado que se lê, ocultando-o, apagando-o, substituindo-o. São mãos carregadas de fios, que retomam e tomam os fios que no que se disse pelas estratégias de dizer se oferece para a tecedura do mesmo e outro bordado.

Esse posicionamento do linguista assenta-se, supostamente, na perspectiva sociodiscursiva da língua, conforme defendida por Volóchinov

(2018 [1929]), na esteira da qual o texto é concebido como enunciado. Para o autor russo: "[...] a interação discursiva é a realidade fundamental da língua" (Volóchinov, 2018 [1929], p. 219) e toda palavra é um ato bilateral, "[...] determinada tanto por aquele *de quem* ela procede quanto por aquele *para quem* se dirige" (Volóchinov, 2018 [1929], p. 205). Contudo, o texto é tomado como fenômeno discursivo concreto, portanto, nunca desvinculado da situação social e dos interlocutores, os quais pressupõem uma realidade histórica. Articulada a essa concepção, há a noção de gêneros do discurso, assumida por Geraldi (1991) e posta como central em muitas discussões sobre ensino e aprendizagem de língua materna.

Vale o registro aqui, mesmo com as limitações próprias a um capítulo de livro, que a defesa de tal concepção de língua por Volóchinov (2018 [1929]), e assumida por Geraldi (1991) em certa medida, a um só tempo deriva, numa lógica também de superação por incorporação, da problematização de toda a tradição dos estudos linguísticos, a qual é concentrada pelo autor em dois grandes marcos teórico-filosóficos — o subjetivismo idealista e o objetivismo abstrato —, e do seu alinhamento ao marxismo, tomado como orientador desde a introdução da obra em menção, "Marxismo e filosofia da linguagem". Trata-se, nunca é demais enfatizar, de uma marcação que posiciona a elaboração teórico-filosófica sobre linguagem verbal do autor numa perspectiva epistemológica específica e que, do mesmo modo, tensiona com as formas clássicas de resolução do problema do conhecimento, nominadamente a positivista e a historicista. Assim concebendo, a noção de interação aplanada à relação entre sujeitos situados, mediada pela linguagem verbal, reduz sobremaneira a complexidade assumida na concepção de língua defendida por Volóchinov (2018 [1929]), dada justamente sua vinculação ao materialismo histórico e dialético, que posiciona a linguagem verbal como criação humana demandada pelas relações de trabalho derivadas do trânsito metabólico ativo entre os indivíduos e a realidade natural e social.

Assim, topicalizando a noção de leitura convergente com essa concepção de língua, na metáfora do bordado utilizada por Geraldi (1991) para se referir à leitura, destaca-se o processo de interlocução entre autor e leitor, em que o ato de ler é também entendido como coprodução do texto: "O texto é, pois, o lugar onde o encontro se dá" (Geraldi, 1991, p. 167). Isso porque há a compreensão, por parte do linguista, do que a leitura deve ser incluída entre as interações, "[...] e por isso mesmo dentro dos processos de constituição das subjetividades" (Geraldi, 2010, p. 32).

Paralelamente, não raro, a partir dessa forma de conceber o ato de ler numa relação que envolve de forma destacada/focalizada leitor e autor, a própria contribuição da leitura passa a ser prioritariamente centrada no seu lugar na cotidianidade e no seu papel na realização de outras ações com a linguagem, sobretudo na produção textual escrita. Nesse sentido, uma vez mais, Geraldi (1984) oferece um reconhecido conjunto do que ele chama de "posturas diante do texto", a saber: (i) leitura — busca de informações; (ii) leitura — estudo do texto; (iii) leitura — pretexto; (iv) leitura — fruição do texto. Tais posturas podem ser um ponto de apoio importante aos professores que planejam trabalhos educativos, na medida em que se entende ser necessário ensinar pontualmente aos leitores em formação operações demandadas em diferentes formas de ler textos que portam representação da realidade de distintas naturezas.

É também pelas ideias desse mesmo autor, quando afirma considerar "[...] a produção de textos (orais e escritos) como ponto de partida (e ponto de chegada) de todo o processo de ensino/aprendizagem da língua" (Geraldi, 1991, p. 135), que chegamos a uma posição, presente nos Parâmetros Curriculares Nacionais (Brasil, 1997), que abre para interpretações de que o lugar da leitura no ensino escolar seria fundamentalmente o de "alimentar" os processos envolvidos na produção textual com destaque para a escrita. Isso se daria na forma de substratos de referência interacional, fraseológico e lexical ou de conhecimentos sócio-históricos e culturais (ou comumente chamados "conhecimentos de mundo"), depreensíveis dos textos lidos. Esse modo de pensar leitura, em nossa visão, precisa ser posto em atenção e ser submetido à crítica, uma vez que pode produzir uma inflexão na própria natureza da formação de leitores para humanização, se, num desdobramento dessas ideias, os textos passarem a ser escolhidos não pela potência formativa e sim pela possibilidade de oferecer elementos que suplantarão as lacunas apresentadas ou antecipadas nas propostas didáticas para a produção textual.

Nesse sentido, vale marcar claramente o que é, ao mesmo tempo, objeto de problematização e posição frente à leitura: trata-se, como bem situa Britto (2003), de um processo (ou um ato, como ele decide denominar) que se caracterizaria por ser uma prática social, uma ação intelectiva, uma ação cultural e um ato de posicionamento político. Disso, sinteticamente, é possível depreender que a leitura tem especificidade própria e é indissociável da formação humana, seja numa perspectiva unilateralizante ou voltada à omnilateralidade. Dessa forma, posicionar a leitura como etapa subsidiária a quaisquer eixos ou tarefas circulares à escola é retirar dela o que é constitutivo de sua gênese, a potencialidade de contribuir para a humanização (Cf. Perdigão, 2022).

Dando continuidade ao elenco do que temos chamado neste capítulo de elementos teórico-conceituais "clássicos", interessa considerar Britto (2015) em sua apresentação de uma diferenciação tomando como quadro referencial o que ele denomina como "formas como se realiza o conhecimento no mundo contemporâneo", a partir do que chega a (i) esfera da cotidianidade; (ii) esfera da aplicabilidade técnica; e (iii) esfera do pensamento especulativo, da qual seriam parte a ciência, a alta cultura, a filosofia, o universo legislativo e campos afins. Com o delineamento dessas formas, o autor permite identificar nitidamente os tipos de textos que, por comporem importantes esferas da sistematização do conhecimento produzido historicamente e também a cotidianidade, precisam ser contemplados em processos educacionais voltados à formação de leitores com vistas à formação humana. Trata-se, convém frisar, de elenco que envolve as formas de leituras próprias da cotidianidade, mas as supera envolvendo aquelas próprias do estudo do texto e da fruição estética pela leitura do texto literário, o foco da discussão na seção que segue.

Assim, com base no materialismo histórico-dialético, Britto (2017, p. 9) defende a tese de que "[...] toda leitura, em suas múltiplas dimensões, é sempre resultado das condições históricas em que se realiza, subjetiva e objetivamente, e que isso não significa nem a morte do sujeito nem a obstrução das particularidades de cada um". Com isso, ao considerar que "toda e qualquer leitura de um texto é, necessariamente, histórica" (Britto, 2017, p. 11), o autor advoga que, para que a leitura contribua para o processo de humanização, não basta que programas de promoção da leitura incentivem o ato de ler, simplesmente, baseados na ideia de que qualquer leitura importa e de que o leitor é livre e dono dos sentidos, mas é preciso que a leitura possibilite a realização do humano no nível da ordem da especulação, da indagação, ultrapassando a órbita do que é da ordem do necessário. "Ler — como ouvir, tocar e ver —, se se torna uma atividade sem crítica, sem espanto, sem indagação, pode ser cegueira" (Britto, 2012, p. 127).

> O leitor crítico será aquele que, na leitura, se afirma e se reconhece como parte do processo de produção de sentido. Ele não toma impunemente a palavra alheia e a reproduz, mas sim, mesmo quando concorda com o autor do texto, dirige a ele — texto, autor — sua contrapalavra, assumindo conscientemente para si o que foi enunciado por outro. Caso contrário, ele se desfaz como sujeito, se aliena da vida e do conhecimento (Britto, 2015, p. 81).

Nesse sentido, Britto (2015) chama a atenção para os objetos culturais que são tomados na leitura. Para ele, a leitura é uma forma de conhecimento e de inserção social, muito mais do que uma atitude. Ler é verbo transitivo e, portanto, há que se indagar acerca dos objetos sobre os quais a leitura incide, além dos modos como se realiza e as relações que se estabelecem em função dela. É nessa direção, assim, que procuraremos avançar na seção que segue.

O tratamento da leitura com atenção à especificidade dos espaços formativos: atividade de estudo e fruição estética

Em convergência com o fundamento crítico assumido desde o início deste capítulo, a opção nesta seção é partir de uma compreensão sobre a função social dos espaços formativos, especialmente dos formais, compatível com tal fundamento. Isso não significa, obviamente, ignorar que outras possibilidades de compreensão deles concorrem com essa e, inclusive, historicamente, têm alcançado hegemonia. Trata-se, sobretudo, de marcar o entendimento de que, à luz de uma visão social de mundo pró-transformação, a assumida pelo materialismo histórico e dialético, só faz sentido pensar em processos formativos que se queiram humanizadores, na direção de possibilitarem a compreensão crítica da realidade social e o desenvolvimento da subjetividade. Ou, ainda, como apregoa Saviani (1983), a função primordial da educação escolar (entendendo possível estender para a acadêmica) seria contribuir para o desenvolvimento intelectual e social dos alunos/acadêmicos.

Nesse sentido, assume-se o compromisso das instâncias formais com o ensino para a humanização, na medida em que "[...] o domínio da cultura constitui instrumento indispensável para a participação política das massas. Se os membros das camadas populares não dominam os conteúdos culturais, eles não podem fazer valer os seus interesses" (Saviani, 1983, p. 55). Isso porque "[...] dominar o que os dominantes dominam é condição de libertação [e humanização]" (Saviani, 1983, p. 55). Para isso, parece evidente que a leitura assume um papel bastante destacado, com especificidade própria e politicamente marcado, principalmente no que toca a apropriação desses conteúdos culturais — dos campos científico, filosófico e artístico — nas atividades de estudo e naquelas afetas à dimensão estética, do que buscaremos tratar nas subseções que seguem.

Leitura nas atividades de estudo

Como pressuposto da discussão a ser realizada, está a ideia de que a relação dos sujeitos com os textos em espaços como os escolares e acadêmicos seja majoritariamente de estudo, para além da interação de modo mais generalizado, tal qual se dá em outras instâncias sociais. Para uma compreensão mais adensada desse pressuposto, cabe fazer um recuo à contribuição teórica produzida pela Psicologia Social de acento crítico, sobretudo por Leontiev (1978) no escopo da teoria da atividade. Nessa elaboração, o autor defende e fundamenta a tese de que os sujeitos se desenvolveriam humanizando-se nas e pelas atividades. Tomando essa tese como base, Davydov

(1988) ocupa-se de sistematizar o modo como, ao longo de sua vida e, por isso, de seu processo de constituição, que é permanente e ininterrupto, os indivíduos, pela participação nessas atividades, desenvolvem-se em múltiplas dimensões possíveis e constituem-se subjetivamente como, a um só tempo, partícipes do gênero humano e representantes particulares dele, com uma subjetividade própria e irrepetível por qualquer outro indivíduo.

Seguindo esse objetivo de sistematização, esse autor sustenta que uma certa regularidade na passagem por diferentes tipos de atividades humanas é identificável na cultura, regularidade que ele organiza pela posposição do que vai chamar de atividades-guia ou atividades-principais. Grosso modo, essa organização permite compreender que, em dado momento da história particular do indivíduo, a atividade que contribui mais para o seu desenvolvimento é, exemplarmente, o que ele chamará de jogos de papéis. Nesse momento, as crianças tendem a alcançar grande implemento de suas capacidades humanas, incluindo a de representação simbólica e a de interação, imprescindíveis para a relação com a linguagem verbal, por exemplo, pela imitação das atividades dos adultos.

Sem nos alongarmos muito nesta discussão, vale elencar tais atividades-guia sintetizadas pelo autor, no que se convencionou chamar de periodização histórico-cultural do desenvolvimento humano; são elas[2]: comunicação emocional direta com o adulto; atividade objetal-manipulatória/manipuladora; brincadeira ou jogos de papéis/protagonizados; atividade de estudo; comunicação íntima pessoal e/ou atividade socialmente útil; e atividade de trabalho/estudo ou de estudo e formação profissional. Interessa, principalmente, desse elenco a que chega o autor, a atividade de estudo, a atividade-guia responsável pela promoção do desenvolvimento humano desde o ingresso no espaço escolar e que, uma vez estabelecida, compõe a constituição dos indivíduos de tal modo que não deixará de existir; apenas se recolherá para que outras assumam maior destaque em razão de necessidades humanas, como as socialmente úteis na adolescência e a laboral na vida jovem e adulta.

---

2 Na denominação de cada período caracterizado pelo autor, buscamos recobrir os diferentes termos empregados em distintas traduções.

Sobre essa atividade como promotora do desenvolvimento humano, Davydov (1988, p. 76) assim sintetiza:

> A atividade de estudo se forma nas crianças de seis a dez anos de idade. A consciência teórica e o raciocínio surgem, as capacidades correspondentes (reflexão, análise, planejamento mental) e também as necessidades percebidas e motivos relacionados às tarefas escolares (aprendizagem) são desenvolvidas, em jovens em idade escolar, baseando-se na atividade.

Ao buscar precisar as contribuições dessa atividade para o desenvolvimento humano, o autor destaca que, no processo de implementação da atividade, o indivíduo "[...] sistematicamente domina, sob a orientação do professor, o conteúdo das formas desenvolvidas de consciência social (as ciências, arte, moral, leis) e as capacidades necessárias para agir de acordo com as exigências sociais" (Davydov, 1988, p. 84), sendo "[...] o conteúdo destas formas de consciência social (conceitos científicos, imagens artísticas, valores morais, normas legais) [...] de natureza teórica" (Davydov, 1988, p. 84). Nesse processo, surgiria, no indivíduo, uma "[...] atitude em relação à realidade que está associada ao desenvolvimento da consciência e pensamento teórico e das habilidades correspondentes (em particular, a reflexão, análise e planejamento), que são as novas formações psicológicas [...]" (Davydov, 1988, p. 84-85).

Considerada essa compreensão da natureza e da contribuição da atividade de estudo para o desenvolvimento humano, faz-se necessário o reconhecimento de sua intensa contribuição ao processo de desenvolvimento de necessidades humanizadas, aquelas que se desenvolvem pela superação por incorporação das necessidades primitivas, identificadas também nos demais animais. Para isso, entretanto, no planejamento e no desenvolvimento da atividade de estudo, é necessário ter claro que ela precisa possibilitar o desenvolvimento de motivos ou, mais precisamente, "[...] a transformação dos motivos apenas compreensíveis em motivos eficazes" (Asbahr, 2016, p. 175). Nessa medida, é, sobretudo, a complexificação das necessidades potencializadas pela atividade de estudo que permitirá aos sujeitos a confirmação em si, como segunda natureza, da atividade de estudo como atividade humanizadora, possibilitando que, ainda que dê lugar a outra atividade principal, ao se recolher, nunca mais deixe de existir como constituidora do indivíduo.

Assim assumindo, parece inegável que, na direção do estabelecimento do estudo como atividade principal nos termos em discussão até aqui, a leitura tem papel indiscutível nos processos de apropriação dos conteúdos postos em relevo na acepção que pactua com a concepção de desenvolvimento assumida pela Psicologia Social de acento crítico. Isso se daria porque é, em grande parte, por meio dela que aquilo que é produzido pelas gerações anteriores poderá ser conhecido por cada novo indivíduo em cada nova geração. E, nessa medida, as instâncias educativas formais contribuiriam destinando boa parte de sua atenção na forma de trabalho educativo a objetos culturais que seriam apropriados por meio da atividade de estudo, o que certamente não se dá sem a leitura. Essa prática, assim, desde a origem, estaria relacionada com o desenvolvimento e, nessa medida, com a formação de humanos, já que ela, antes de servir a interações próprias da imediatez e/ou da cotidianidade, serviu à apropriação das atividades humanas concentradas em objetos culturais.

É também na direção da humanização que a forma de leitura a ser explorada na seção que segue, a de fruição, ganha destaque. Nesse intento, dentre todos os conteúdos culturais, conforme nominação de Saviani (1983), lançaremos luz àqueles próprios do campo artístico, especificamente àqueles materializados na linguagem verbal, os literários.

Fruição estética pela leitura do texto literário

Fruir esteticamente trata-se de processo que não prescinde da atividade de estudo, mas não é isomórfico a ela; ainda que compreender, em certa medida, seja pressuposto dela. Isso porque, distinguindo-se de uma visão metafísica sobre fruição, o materialismo histórico e dialético defende que a relação dos seres humanos com a arte em sua complexidade, dada sua potencialidade de antropomorfização de segunda ordem, não é intuitiva. Ela supõe que um conjunto de elementos, que compõem o objeto cultural desencadeador da fruição como potencialidade, possa ser identificado. O conjunto envolve elementos relacionados à forma e à função desse objeto, a partir do que é possível que o sujeito frua esteticamente, produzindo uma representação própria sobre a representação produzida pelo artista, o que significa assumir, diante da representação artística concretizada no objeto, posição de ratificação, de resistência, de discordância, dentre outras. Cada qual dessas posições, ou mesmo a aproximação de um conjunto delas nesse fruir, associar-se-á a uma visão social de mundo, seja ela conservadora ou revolucionária. Do mesmo modo, o artista, na produção da representação sobre um aspecto da realidade social materializado na obra, o fará também segundo uma dessas duas visões, esperadamente aquela que se inconforma/desloca, transborda a realidade existente.

Ainda acerca da noção de fruição estética, vale pontuar que essa ação não pode ser compreendida como deleite, ainda que ao fruir esteticamente eventualmente possamos deleitar-nos também, sem, contudo, que isso seja uma condição para tal, ou mesmo sinônimo dela. Pela possibilidade de contribuir para o reconhecimento dessa distinção, evocamos o que demarca Britto (2003, p. 111):

> [...] arte é [...] a expressão definitiva do desejo de construir um outro mundo. Esse processo de construção de outro mundo supõe uma espécie de voltar-se para a própria vida e indagar a condição humana. A arte é, nesse sentido, admiração. A arte é contemplação da vida. [...] ela se opõe ao entretenimento. Porque o entretenimento supõe o esquecimento, o apagamento, a evasão, a negação da própria condição humana. O entretenimento me faz esquecer que eu morro. A arte me faz lembrar da própria morte.

Consideramos possível, de modo convergente com o que defende o fundamento do materialismo histórico e dialético e a partir de elaboração de Britto (2012), depreender que há uma estreita relação entre estética e ética, uma vez que se voltar à própria vida e indagar a sua condição de humano não se dá fora da projeção de outro mundo ou de tensão ao espectro da realidade social representado via arte. Nesses termos, convém novamente lançar mão do que entendemos ser uma síntese adequada sobre a mencionada relação entre estética e ética produzida por Britto (2003, p. 111):

> [...] damos a ela [a arte], além da dimensão estética, uma dimensão ética (ética não enquanto respeito a regras, mas sim como um princípio histórico da vida), uma dimensão de pensar e construir a condição do humano. E, se admitimos a ideia de que a arte supõe uma dimensão ética, que remete para a experiência vivida, então podemos pensar a promoção [...] das artes [...] como uma condição essencialmente ético-política, no sentido de que é uma ação de intervenção no meio, é uma maneira de construir a condição da possibilidade humana.

Articuladamente a essa elaboração, entendemos possível defender, a partir do fundamento teórico-filosófico que ampara este capítulo (e a obra como um todo), que, ao pensar nos efeitos da arte nos seres humanos, será necessário considerar a dialética entre subjetividade e consciência de classe[3]. Tendo no horizonte essa premissa de tomada dialética, cabe esclarecer que se tratam de conceitos entendidos não sob perspectiva imanente ao indivíduo, como processos que se desenvolvem desde o sujeito ou, quando muito, com contraparte externo, sociocultural, mas para o desenvolvimento de capacidade cognitiva. A tomada conceitual de subjetividade e consciência se dá, contrariamente a essas posições, na estreita relação com as atividades humanas levadas a efeito na realidade social que, como tal, são sempre, em certa medida, compartilhadas socialmente, ao mesmo tempo em que se coadunam a visões de mundo, posições políticas e, portanto, de classe.

3 Importa registrar que a ideia sobre a tomada dialética entre subjetividade e consciência de classe para considerar o lugar da arte na constituição humana está em desenvolvimento em projetos de pesquisa desenvolvidos pelo Grupo de Estudos e Pesquisas em Educação Linguística (GEPEL), notadamente pela pesquisa em nível de pós-doutoramento aprovada e a ser realizada em 2024 por Rosângela Pedralli, uma das autoras deste capítulo.

De tais atividades humanas, como já pontuado sobretudo na subseção imediatamente anterior, resultam produtos materiais e imateriais, do que são exemplos as produções artísticas, nascidos "[...] da atuação de indivíduos, porém, sua essência se fundamenta em necessidades objetivas de natureza material e social" (Lukács, 1966, p. 249). Assim, a objetivação material ou imaterial da atividade humana envolveria uma nova dialética, entre objetivo e subjetivo, na medida em que as características particulares e singulares de um sujeito individual impliquem no modo de objetivação dele na realidade social compartilhada. Para que a importância dessas características próprias da subjetividade se efetive, é mister que encontre significação, para além da particularidade e singularidade do indivíduo, na dinâmica social objetiva. Nesse sentido, é na relação com a realidade social compartilhada pela coletividade humana que a subjetividade é instaurada e terá um lugar; ou por outra, é no par dialético que subjetividade e consciência se desenvolvem.

Nesses termos, o processo de humanização tem relação, em última instância, com o desenvolvimento em cada novo indivíduo da espécie humana da possibilidade de formação/enriquecimento de sua subjetividade, o que encontrará limitações importantes se dissociada de seu par dialético, a formação da consciência de classe. Isso porque, conforme sintetiza Tonet (2013, p. 16),

> É importante acentuar que as classes sociais são compostas por indivíduos e que, portanto, eles também, como indivíduos singulares, são sujeitos da história. [...] Ao realizarem as suas ações, eles estão expressando, quer de modo consciente ou não consciente, interesses que os ultrapassam como indivíduos e que são os interesses das classes sociais. Há, pois, uma articulação entre sujeito coletivo e sujeito individual no interior do processo histórico, sendo o primeiro o momento predominante.

Ainda que a síntese do autor seja oportuna para o ponto em discussão aqui, vale registrar um aspecto de ressalva sobre ele que entendemos ser necessário: seguindo a lógica dialética, não nos parece adequado defender a predominância de um dos elementos sobre o outro, o que resultaria, antes, num certo esquematismo na aproximação entre o individual e o coletivo. Parece-nos, contudo, que, em certa medida, dada a datação histórica e o compromisso premente do escopo filosófico-teórico marxista e de seus desdobramentos, a exemplo dos da Psicologia Social e, especificamente, da psicologia da arte segundo o padrão marxista, há uma certa prevalência nas discussões no enfoque ao sujeito coletivo. Ainda que explicável e, de certa forma, justificável à luz dos elementos em causa, entendemos que a dimensão da subjetividade humana, ao ser secundarizada ou posta a reboque da dimensão coletiva, resulta numa fragilização da própria possibilidade de compreensão da noção e da dinâmica envolvida na formação da consciência de classe, uma vez que não se trata nunca de resultado de esforço de convencimento, de apresentação de motivos externos para adesão a ideais da classe trabalhadora, mas de desenvolvimento de motivos próprios desde a descoberta de sua inscrição nela pelo estabelecimento de modificações na subjetividade, o que se dá em saltos, recuos, avanços sutis, reposicionamentos.

Assim concebendo, a arte carregaria em si potência para incidir nessas duas direções desenvolvimentais/formativas, já que a tomada dos objetos artísticos, como reiteradamente defendido ao longo deste capítulo, envolve representação da realidade social compartilhada e produção de uma representação própria sobre tal representação. Fruir esteticamente, nessa direção, marca e demanda, ao mesmo tempo e em síntese dialética, a subjetividade, mas não é levada a efeito desarticuladamente das condições objetivas. De modo convergente com essa compreensão, a nosso ver, Britto (2015), de forma aguda, a um só tempo aproxima e distingue subjetividade e coletividade ao pontuar o que entendemos serem dois aspectos dessa dialética:

> O primeiro é que o progresso social e o estabelecimento de condições de vida mais aprazíveis (para aqueles que alcançam isso num mundo de iniquidades extremas) pode oferecer conforto e bem-estar, mas não traz felicidade nem resolve o drama de existir (que supõe definhar e morrer); e o segundo é que a sociedade — e nela as pessoas — continuamente realiza tentativas de driblar a ansiedade consequente da ameaça do sofrimento (e do sofrimento objetivo) (Britto, 2015, p. 12).

Dessa pontuação contundente do autor, é possível inferir que a fruição estética, ao ser levada a efeito, só o é na medida mesma em que abandona, na origem, a ideia hedonista e/ou de esquecimento da vida. Essa compreensão envolveria todas as formas de interação com os objetos culturais produzidos historicamente no campo artístico, em todas as formas de simbolização. Interessa-nos, em razão do enfoque deste capítulo, as objetivações simbolizadas pela linguagem verbal, sobretudo aquelas afetas ao campo artístico, as concretizadas em textos literários, portanto. Esse enfoque nos leva a buscar especificar a leitura de textos como tais. Nessa direção, vale evocar, uma vez mais, a importante elaboração de Britto (2015, p. 14):

> Assumir que ler — especialmente ler literatura [...] — é um valor implica também recusar qualquer acordo com o pragmatismo, o subjetivismo e o relativismo[,] implica reconhecer eticamente que a experiência estética se justifica pela possibilidade de uma vida que se humanize ao transcender o imediato, ainda que não resulte em prazer ou felicidade nem escape ao desígnio do Fado. Tal dimensão, ainda que irredutivelmente individual e única — daí o truísmo de que todo o leitor é único — só se realiza na cultura e na universidade [universalidade?] humana — donde a impossibilidade de uma leitura original de cada um

Aqui, entendemos pertinente retomar a necessária diferenciação entre arte e deleite, arte e prazer, arte e entretenimento, enfim arte e esquecimento da vida, dada sua relação direta com o modo como o enfrentamento do texto literário precisa se dar se a fruição estética for assumida como um fim. Nesse sentido, cabe a compreensão de que a indiferenciação ou associação desses elementos "[...] apresenta um duplo problema. Um é exatamente o de restringir a dimensão da arte à do entretenimento; o segundo é que se nega, da experiência artística, seu caráter catártico [...], que está associado à dor, ao sofrimento e à indagação da vida" (Britto, 2003, p. 112-113). Isso porque, sob a lógica da tomada dialética entre individualidade e coletividade humanas, "O problema não é simplesmente viver, o problema é saber-se vivo e saber o tempo todo que algo nos rouba a vida e o corpo em que ela se faz. O problema é saber a morte, imperscrutável, e não saber para que ou por que a vida tem de ser como é" (Britto, 2015, p. 24).

Eis, assim, aquilo que parece ser, ao mesmo tempo, radicalmente, o desafio e o papel do trabalho com o texto literário em instâncias educativas: a potencialidade singular que ele carrega de levar à máxima potência a dialética entre subjetividade e consciência de classe, entre individualidade e coletividade, entre desanimalização, essencialmente impossível por certo, do humano.

Considerações finais

Ao longo deste capítulo, tendo buscado dar conta de produzir uma elaboração teórica que fez o percurso: i) de retomada dos elementos teórico-conceituais e dos fundamentos críticos indispensáveis para a discussão proposta; ii) de apresentação e discussão de alguns elementos teórico-conceituais mais ou menos clássicos no campo em causa, a fim de identificar em que medida eles poderiam ser incorporados em superação na produção dessa concepção de leitura com alinhamento à pedagogia crítica; e iii) de apreensão da função social de instâncias formativas como a escolar e a acadêmica, esperamos ter evidenciado o compromisso inescapável da leitura à luz da pedagogia crítica com o processo de humanização de todos os indivíduos.

Dessa explicitação, importa também que derive a compreensão de que esse mesmo compromisso reúne as instâncias formais de ensino, escolar e acadêmica, em todas as suas dimensões, desde a Educação Infantil, prevista para a Educação Básica, passando pela alfabetização, recobrindo o Ensino Fundamental e Médio, até as ações desenvolvidas no Ensino Superior (e de formação continuada, principalmente de professores). É nessa direção que ganha sentido a priorização da atividade de estudo e a fruição estética no trabalho educativo com a leitura. Não se trata aqui, como buscamos evidenciar, de prioridade com origem metodológica, mas, sim, de compromisso com a finalidade dessas instâncias à luz da perspectiva crítica e, portanto, humanizadora: correlação em dialética da consciência de classe e da constituição da subjetividade, o que requer movimento intenso, constante e profundo de apreensão da realidade social, possível pela via da apreensão de objetos culturais do campo da arte, da ciência e da filosofia, que portam, sempre, representações de mundo, produzidas na esteira de determinada visão social. Para a humanização, há que haver formação da consciência de classe e da subjetividade, como defendemos, alcançáveis apenas com a dialética entre ambas, o que só demandará a produção de representação pelo indivíduo sobre a representação identificada nos objetos culturais com os quais se defronta pela leitura.

O trabalho educativo desenvolvido com a leitura, nos termos de uma concepção pedagógica crítica, envolve, como ponto de partida, a assunção da potencialidade de contribuição desse trabalho para a humanização dos indivíduos. Nessa direção, a escolha dos objetos culturais que deverão ser priorizados parece ganhar maior nitidez, na medida em que, de tudo o que é possível destacar da produção cultural na história humana, alguns (ainda em bom número, é certo), inegavelmente, parecem possibilitar de forma mais concreta isso que é potência. Além disso, o compromisso com a contribuição para a humanização permite aos responsáveis pelo planejamento, pela organização e pela sistematização do trabalho educativo, os professores, a identificação de quais os aspectos dos objetos culturais eleitos e as correlações com a realidade social compartilhada que devem receber lentes de aumento por ocasião da leitura.

Nesse sentido, afora qualquer possibilidade de roteiro, com este capítulo, procuramos também lançar luz sobre a questão nodal, a nosso ver, aos profissionais que se responsabilizam pela educação linguística em todos os níveis: como, pelo trabalho desenvolvido também (ou sobretudo) com a leitura, contribuir para, a um só tempo, a formação da consciência de classe e o processo de subjetivação dos indivíduos, sem o que falar ou promover a humanização parece descolar-se radicalmente das possibilidades de concretização.

REFERÊNCIAS

ANTUNES, Irandé. *Aula de português*: encontro e interação. São Paulo: Parábola, 2003.

ASBAHR, Flávia da Silva Ferreira. Idade escolar e atividade de estudo: educação, ensino e apropriação dos sistemas conceituais. *In*: MARTINS, Lígia Márcia; ABRANTES, Angelo Antonio; FACCI, Marilda Gonçalves Dias (org.). *Periodização histórico-cultural do desenvolvimento psíquico*: do nascimento à velhice. Campinas: Autores Associados, 2016. p. 171-192.

BRASIL. Ministério da Educação. Secretaria de Educação Básica. *Base Nacional Comum Curricular*. Brasília: MEC/SEB, 2017.

BRASIL. Ministério da Educação e do Desporto. Secretaria de Educação Fundamental. *Parâmetros Curriculares Nacionais*. Brasília: MEC/SEF, 1997.

BRITTO, Luiz Percival Leme. *Ao revés do avesso*: leitura e formação. São Paulo: Pulo do Gato, 2015.

BRITTO, Luiz Percival Leme. *Contra o consenso*: cultura escrita, educação e participação. Campinas: Mercado de Letras, 2003.

BRITTO, Luiz Percival Leme. *Inquietudes e desacordos*: a leitura além do óbvio. Campinas: Mercado das Letras, 2012.

BRITTO, Luiz Percival Leme. *O engodo subjetivista e a formação do leitor*. Nuances: estudos sobre Educação, Presidente Prudente, v. 28, n. 2, p. 8-23, maio/ago. 2017. Disponível em: https://revista.fct.unesp.br/index.php/Nuances/article/view/5093. Acesso em: 8 jan. 2024.

DAVYDOV, Vasily V. Problemas do ensino desenvolvimental: a experiência da pesquisa teórica e experimental na psicologia. *Soviet Education*, n. 8, ago. 1988.

DUARTE, Newton. *A individualidade para si*: contribuição a uma teoria histórico-crítica da formação do indivíduo. 3. ed. rev. Campinas: Autores Associados, 2013.

GERALDI, João Wanderley. *A aula como acontecimento*. São Carlos: Pedro & João Editores, 2010.

GERALDI, João Wanderley. *O texto na sala de aula*. São Paulo: Ática, 1984.

GERALDI, João Wanderley. *Portos de passagem*. São Paulo: Martins Fontes, 1991.

KLEIMAN, Angela. *Abordagens da leitura*. SCRIPTA, Belo Horizonte, v. 7, n. 14, p. 13-22, 2004. Disponível em: https://periodicos.pucminas.br/index.php/scripta/article/view/12538. Acesso em: 8 jan. 2024.

KLEIMAN, Angela; VIANNA, Carolina A. D.; DE GRANDE, Paula B. A Linguística Aplicada na contemporaneidade: uma narrativa de continuidades na transformação. *Calidoscópio*, v. 17, n. 4, p. 724-742, 2019. Disponível em: https://revistas.unisinos.br/index.php/calidoscopio/article/view/cld.2019.174.04. Acesso em: 8 jan. 2024.

LEONTIEV, Aleksei N. *O desenvolvimento do psiquismo*. Lisboa: Livros Horizonte, 1978.

LUKÁCS, G. *Estética*: la peculiaridad de lo estético. Cuestiones preliminares y de principio. Barcelona: Grijalbo, 1966.

PERDIGÃO, Jéssica da Rosa. *O processo de (re)conceptualização de formação do leitor na contribuição teórica de Luiz Percival Leme Britto*: uma análise à luz da abordagem histórico-cultural. 2022. Dissertação (Mestrado em Linguística) — Programa de Pós-Graduação em Linguística, Universidade Federal de Santa Catarina, Florianópolis, 2022.

SAVIANI, Dermeval. *Escola e democracia*. 42. ed. Campinas: Autores Associados, 2012 [1983].

PEDRALLI, Rosângela; THESSING, Aline F.; CHRAIM, Amanda Machado. A linguística aplicada alinhada ao materialismo histórico e dialético: uma reflexão (inflexão?) sobre as bases epistemológicas assumidas pelo campo. *Revista Brasileira de Linguística Aplicada*, v. 22, n. 4, p. 954-980, 2022. Disponível em: https://doi.org/10.1590/1984-6398202218102. Acesso em: 8 jan. 2024.

TONET, Ivo. *Método científico:* uma abordagem ontológica. São Paulo: Instituto Luckács, 2013.

VYGOTSKI, Lev S. La prehistoria del desarrollo del lenguaje escrito. *In*: VYGOTSKI, Lev S. *Obras escogidas III*. Problemas del desarrollo de la psique. Madrid: Machado Libros, 2015. p. 183-206.

VOLÓCHINOV, Valentin. *Marxismo e filosofia da linguagem*: problemas fundamentais do método sociológico na ciência da linguagem. São Paulo: Editora 34, 2018 [1929].

CAPÍTULO 4

TRABALHO EDUCATIVO E FORMAÇÃO DE LEITORES

LARISSA MALU DOS SANTOS
SABATHA CATOIA DIAS

Introdução

A leitura, como uma atividade sócio-historicamente localizada, emerge nas práticas sociais[1] e é tomada por nós como um modo de inserção[2] dos sujeitos na cultura, já que, por meio de tal prática, os indivíduos podem acessar as produções realizadas pelas gerações anteriores. No mesmo caminho, defendemos que a função precípua do ensino escolar é "[...] o ato de produzir, direta e intencionalmente, em cada indivíduo singular, a humanidade que é produzida histórica e coletivamente pelo conjunto de homens" (Saviani, 2013, p. 13), sendo, então, a leitura prática fundante no âmbito da formação escolar.

Essa afirmação parte da compreensão de que, por meio da formação humana, os indivíduos são capazes de se humanizar, e tal formação é potencialmente revolucionária se, por intermédio de uma leitura crítica e engajada com o processo de desfetichização da realidade fenomênica, leva os indivíduos a refletirem sobre as práticas sociais de modo consciente porque compreendidas as contradições postas na sociedade.

1 E, ao ser produzida pela atividade humana, torna-se, ela também, uma prática social, conforme veremos nas seções seguintes.

2 Importante o registro de que compreendemos "inserção", tal qual a defendemos ao longo deste capítulo, como uma inserção crítica e consciente, sempre, e nesse sentido é um dos objetivos da educação escolar.

Uma leitura que se queira comprometida com o processo de humanização, como aponta Britto (2012), só toma tal sentido se adquire caráter reflexivo, de modo a ressaltar a desigualdade imposta à nossa sociedade. Comprometendo-se com o ideário de leitura que se proponha superador de uma visão alienada da realidade, é necessário que se tenha em vista uma formação de leitores críticos, detentores de uma compreensão da prática social como potência revolucionária, porque criada por nós mesmos. Assim, a leitura é chave no que diz respeito ao desenvolvimento da consciência de classe, na medida em que promove a humanização dos sujeitos e aponta para o caráter fragmentado das relações sociais na sociedade do capital.

Assumindo, então, a perspectiva materialista, histórica e dialética do conhecimento, discutiremos ao longo das páginas sequentes o modo como a realidade fenomênica, dada na vida cotidiana de todos nós, não revela em si o caráter concreto da realidade em sua totalidade, de modo que, para superar tal visada pseudoconcreta do mundo das coisas, faz-se necessário uma mirada à práxis revolucionária.

Partindo de tal noção de prática social como mote para a transformação social, apresentaremos a discussão sobre formação humana embasadas na teoria marxiana do conhecimento, para a qual é condição imprescindível que os indivíduos acessem aquilo que é do nível mais elevado já produzido pela humanidade para que se percebam como pertencentes ao genérico-humano, porque desenvolvida uma individualidade para si. Em seguida, discutiremos especificamente sobre a formação do leitor, sua função e seu caráter, objeto central do capítulo. Por fim, apresentaremos as considerações finais.

Conceito de prática social no âmbito da leitura: adaptação ou revolução?

É consenso, em certa medida, nos estudos sobre ensino e aprendizagem de língua, que o ensino de língua portuguesa (doravante LP) deva ser voltado para as práticas sociais dos sujeitos. Essa assertiva é indicada no âmbito da educação brasileira desde os Parâmetros Curriculares

Nacionais (PCNs), quando passou-se a conceber o trabalho educativo de LP calcado em uma compreensão de língua como "[...] um processo de interlocução que se realiza nas *práticas sociais* existentes nos diferentes grupos de uma sociedade, nos distintos momentos de sua história" (Brasil, 1998, p. 18, grifos nossos), e em uma acepção de aprendizagem conforme "[...] os modos pelos quais as pessoas entendem e interpretam a realidade e a si mesmas" (Brasil, 1998, p. 18). Tal noção sobre língua/linguagem é mantida na Base Nacional Comum Curricular (BNCC), em que se assume que "[...] as atividades humanas realizam-se nas *práticas sociais*, mediadas por diferentes linguagens" (Brasil, 2018, p. 59, grifos nossos), assim como se garante a importância da educação das práticas de linguagem, porque,

> Afinal, aprender a ler e escrever oferece aos estudantes algo novo e surpreendente: amplia suas possibilidades de construir conhecimentos nos diferentes componentes, por sua inserção na cultura letrada, e de participar com maior autonomia e protagonismo na vida social (Brasil, 2018, p. 59).

Os documentos oficiais de ensino em âmbito nacional propõem, desde então, uma necessária relação entre aquilo que se estuda em sala de aula com as práticas humanas, as atividades, com a vida dos sujeitos, almejando o que se nomeia como protagonismo do futuro cidadão. Essa preocupação vem a ser fruto dos estudos sobre ensino de língua que ganharam corpo no fim do século XX, especialmente a partir da obra "O texto na sala de aula" (2011 [1984]), organizada por João Wanderley Geraldi, assim como de "Mas o que é mesmo gramática?" (2006 [1991]), de Carlos Franchi, e de "Portos de passagem" (2013 [1997]), também de Geraldi.

Na primeira obra, é apresentado um compilado de escritos de autores que defendem que "Estudar a língua é [...] tentar detectar os compromissos que se criam por meio da fala e as condições que devem ser preenchidas por um falante para falar de certa forma em determinada situação concreta de interação" (Geraldi, 2011 [1984], p. 65). Nesse momento, assume-se, dentro do campo, uma concepção de língua pelo viés da interação verbal (Volóchinov,

2021 [1929]), contrapondo-se ao propalado ensino tradicional e buscando consolidar um ensino de língua que tenha como ponto de partida/chegada as relações dos indivíduos e, portanto, suas práticas sociais.

Fato é que, ainda que seja de extrema relevância o avanço das discussões sobre língua, de modo que tenhamos — ao menos nos documentos oficiais e nas teorizações em Linguística Aplicada — minimamente superado o caráter fragmentado e artificial de ensino das tradicionais aulas de gramática, o que temos visto, ainda, é a necessidade de superar a concepção de prática social, ou, ainda, a concepção de *práxis* que se faz presente atualmente em tais elaborações. Isso porque, ao se pautarem, sobretudo, nas concepções escolanovistas ou alinhadas à pedagogia das competências, tanto os documentos oficiais quanto as propostas teórico-metodológicas em LP acabam reverberando uma acepção de prática social estritamente voltada para a vida cotidiana, no seu sentido mais pragmático de ser, ou, ainda, para as demandas do mercado de trabalho na vida dos indivíduos. Essa discussão é apresentada por Britto (2012), quando o autor, ao abordar especificamente a educação de competências, embasamento da BNCC, irá afirmar que, para essa visão de educação:

> [...] o que está em foco não é o conhecimento, mas a capacitação genérica, de forma a tornar a pessoa apta para agir em conformidade com as determinações do sistema. Nessa lógica, haveria na sociedade contemporânea 'novas demandas' de conhecimento, em especial no que concerne ao domínio relativo da leitura (e secundariamente de redação) para corresponder às situações práticas mediadas pela escrita (Britto, 2012, p. 89-90).

Assim, no que diz respeito ao estudo formal de língua portuguesa, nestas perspectivas, em que pese a busca por um trabalho educativo com vistas às práticas sociais dos sujeitos, o objetivo é marcadamente conservador: a adaptação desses sujeitos à lógica do capital e do mercado de trabalho.

Na obra "Dialética do Concreto", Kosik (1976) aponta justamente para o perigo de tomarmos como objeto do conhecimento a *práxis* fragmentada, pseudoconcreta, porque voltada apenas para as questões do âmbito do cotidiano, da imediaticidade do vivido. Segundo o autor e a partir de uma perspectiva materialista, histórica e dialética, a totalidade — na contramão da pseudoconcreticidade — é uma realidade concreta, que precisa ser conhecida em sua essência a fim de ser transformada, e, para tal, é preciso que se garanta a compreensão da *práxis* para além de seu caráter imediato ou da *práxis utilitária*, que é, na origem, "[...] um claro-escuro de verdade e engano" (Kosik, 1976, p. 15). Nessa perspectiva, o mundo prático-utilitário não apresenta a essência dos objetos e dos fenômenos a "olho nu", já que:

> [...] a *práxis* utilitária imediata e o senso comum a ela correspondente colocam o homem em condições de orientar-se no mundo, de familiarizar-se com as coisas e manejá-las, mas não proporcionam a *compreensão* das coisas e da realidade (Kosik, 1976, p. 15).

Por assim dizer, quando adotamos uma perspectiva crítica de ensino que tenha como ponto de partida e de chegada a práticas social (Saviani, 2008 [1983]), corroboramos a compreensão marxista da *práxis revolucionária*, para a qual é fundamental que se superem as relações imediatas e se alcance uma visão da realidade em sua totalidade e com suas contradições.

Numa visada da *práxis* revolucionária, é necessário distinguir aquilo que é do âmbito da aparência dos fenômenos daquilo que é sua essência. Assim, nessa compreensão, urge que o conhecimento vise atingir o que Kosik (1976) denomina como "a coisa em si", isto é, a estrutura da realidade na sua essência, nas suas relações mais internas, na sua dinâmica, a fim de que, ao conhecê-la, possamos compreendê-la em sua totalidade — e não tão somente em sua superficialidade, tal qual faculta o conhecimento opinativo ou senso comum — para então transformá-la. O desenvolvimento de uma *práxis* revolucionária passa necessariamente pelo desenvolvimento da formação de consciência de classe dos indivíduos, o que só se faz possível por intermédio de uma visão da totalidade da realidade, em todas as suas contradições.

Importa destacar, ainda, que a *práxis*, prática social caracterizada como unidade dialética de teoria e prática, na perspectiva da totalidade, assume tal caráter revolucionário porque a tomamos como fruto da nossa capacidade estritamente humana de transformar a natureza a nosso favor, construindo a cultura e a história. Afirmar que as práticas sociais podem ser transformadoras significa reiterar o caráter humanizador que o *trabalho*, em sua origem, possui para nós seres humanos e que, na lógica capitalista, é subvertido.

Vale retomar que, para o fundamento marxiano, o trabalho é nossa atividade vital, uma vez que é instrumento de objetivação do mundo e de nós mesmos, distinguindo-nos dos animais (Marx, 2010 [1844]). Apenas nós, enquanto humanidade, somos capazes de idealizar previamente o fim de nossas ações perante a realidade, de modo a fazer com que a natureza possa nos servir. Segundo Marx (2017 [1859], p 120), "[...] o trabalho é, assim, uma condição de existência do homem, independente de todas as formas sociais, eterna necessidade natural de mediação do metabolismo entre homem e natureza e, portanto, da vida humana". O trabalho, como atividade transformadora, é atividade que permite que fundemos a própria *práxis*.

No entanto, tal caráter humanizador do trabalho é praticamente eliminado no mundo do capital, haja vista a inversão do fim a que o trabalho se presta: para sobrevivência, e não humanização. Além disso, o trabalho torna-se uma mercadoria, a qual somos obrigados diariamente a vender para conseguir manter nossa existência. Não transformamos a realidade com fins de humanização e elevação da genericidade humana (Duarte, 2013 [1993]), mas, sim, para suprir nossas necessidades básicas, tais como segurança e alimentação.

Nessa lógica, somos submetidos a uma realidade tão pragmática e voltada para resoluções de tarefas práticas que, condicionados, esquecemos que a *práxis* é fruto das atividades que realizamos perante a realidade. A vida social é como tal porque criada, geração após geração, pela humanidade[3]. O fato é que esse caráter de transformação que nosso trabalho possui é, na vida cotidiana, mascarado, diluído, de modo que

---

3 Importa destacar que esse processo é um movimento dialético, que parte da natureza para então se fundar. Para a perspectiva materialista, histórica e dialética do conhecimento, as atividades realizadas pelos homens partem sempre daquilo que já está posto na realidade para então se concretizar.

> O homem comum e corrente, imerso no mundo de interesses e necessidades do cotidiano, não se eleva a uma verdadeira consciência da praxis capaz de ultrapassar os limites estreitos de sua atividade prática para perceber [...] até que ponto, com seus atos práticos, está contribuindo para escrever a história humana (Vázquez, 2011, p. 38).

A citação, retirada da obra "Filosofia da práxis", aponta para a importância de, em se tratando de conhecimento e, portanto, de formação escolar[4], ultrapassarmos a noção de prática social que esteja voltada apenas para a realidade imediata e, assim, conseguirmos dar elementos para que os sujeitos se percebam como indivíduos que não são apenas empíricos, mas também parte do gênero humano. Para Saviani (2013), é necessário que pautemos nas escolas uma educação que supere as exigências pragmáticas do que ele denomina como aluno empírico, a fim de que demos espaço para os conhecimentos que são da ordem da totalidade concreta enquanto produto histórico e que precisam ser assimilados pelos sujeitos, para que esses se percebam como síntese das relações sociais. Nas palavras do autor:

> Daí a grande importância de distinguir, na compreensão dos interesses dos alunos, entre o aluno empírico e o aluno concreto, firmando-se o princípio de que o atendimento aos interesses dos alunos deve corresponder sempre aos interesses do aluno concreto. O aluno empírico pode querer determinadas coisas, pode ter interesses que não necessariamente correspondem aos seus interesses, enquanto aluno concreto. É nesse âmbito que se situa o problema do conhecimento sistematizado, que é

---

4 Essa correlação entre conhecimento e formação escolar pode não ser direta se considerarmos as diversas teorias da educação que possuem na sua agenda formações dissociadas do processo de apropriação do conhecimento sistematizado, mas baseadas em outras formas de saber orientadas pela/para a empiria dos sujeitos. Contudo, como temos afirmado, partimos de outro arcabouço teórico, para o qual é função primordial da escola formar os estudantes de modo que eles se apropriem das máximas elaborações já criadas pela humanidade, seja do campo das ciências, da arte ou da filosofia.

> produzido historicamente e, de certa forma, integra o conjunto dos meios de produção. Esse conhecimento sistematizado pode não ser do interesse do aluno empírico, ou seja, o aluno, em termos imediatos, pode não ter interesse no domínio desse conhecimento, mas, a meu ver, ele corresponde diretamente aos interesses do aluno concreto, pois, enquanto síntese das relações sociais, ele está situado numa sociedade que põe a exigência do domínio desse tipo de conhecimento. E é, sem dúvida, tarefa precípua da educação viabilizar o acesso a esse tipo de saber (Saviani, 2012, p. 80).

Quando pensamos, então, nas relações entre as práticas sociais ou, entre *práxis* e leitura, intentamos apontar a potência que essa atividade pode assumir nas aulas de Língua Portuguesa. Para tanto, é preciso que tenhamos consciência de que adotar uma concepção de prática social que se queira revolucionária significa compreender que tal prática não pode ter em vistas a adequação dos sujeitos à lógica do capital, de modo que é preciso ultrapassar uma concepção de *práxis* meramente voltada para as questões cotidianas.

Uma concepção de *práxis* que se coloque como revolucionária deverá ter em vistas, sobretudo, uma formação humanizadora dos indivíduos, que os permita acessar aquilo que é do âmbito do genérico-humano, a fim de que possam se perceber como parte de um coletivo mais amplo e como sujeitos produtores de história. É preciso, enfim, que os indivíduos se percebam como seres que agem frente ao mundo não apenas de modo individual, mas coletivo. A consciência de classe dos trabalhadores, que pouco[5] têm a perder, é, portanto, condição indispensável para alçarmos uma prática social à revolução.

5 Do ponto de vista da posse da riqueza material e dos meios de produção.

Formação humana na perspectiva marxiana

Na seção anterior, explicitamos a nossa compreensão de *práxis* ou prática social enquanto atividade humana no âmbito da totalidade, portanto, como uma atividade humano-genérica, promovedora de inter-relação entre universalidade e singularidade, entre gênero humano e indivíduo, distanciada, assim, da noção vigente de prática social restrita da ordem da cotidianidade, que, conforme discute Heller (2014), sob uma lógica instrumental-técnica é tomada como meio de atendimento às demandas prementes do fazer-se do dia a dia, ou ainda como *práxis utilitária*, de acordo com Kosik (1976).

Essa discussão acerca de *práxis* é nodal para o enfrentamento da questão da formação de leitores, mote do presente capítulo, a qual será aprofundada na seção seguinte. Vale adiantar que, assentadas na Teoria Histórico-Cultural, de fundamento filosófico marxiano, compreendemos leitura como atividade humana sócio-historicamente situada, uma *práxis* ou prática social presente na vida contemporânea — especialmente em razão da caracterização de uma sociedade marcadamente grafocêntrica como é a nossa —, na realidade objetivada pelo homem, e demandada por necessidades históricas, cuja finalidade está na apropriação de objetivações genérico-humanas. Essa relação dialética entre apropriação e objetivação é fundante da dinâmica do trabalho — tal qual discorrido no Capítulo 1 desta obra — e, em consequência, do processo de formação e de desenvolvimento humano, em acordo com os princípios marxistas e conforme retratado na seguinte afirmação de Duarte (2013 [1993], p. 53): "A relação entre objetivação e apropriação expressa a própria essência da humanização, tanto do gênero humano quanto do indivíduo".

Seguindo essa lógica e, em alinhamento à fundamentação materialista, histórica e dialética, bem como na busca por desenvolver uma reflexão sobre formação de leitores, optamos por dar tratamento ao tema da formação humana na presente seção, ainda que já possivelmente abordado de modo mais apurado em capítulos anteriores desta obra. Para tanto, iniciemos pela caracterização da relação entre apropriação e objetivação já mencionada, com base, sobretudo, nas obras "A individualidade para si" (Duarte, 2013 [1993]) e "O cotidiano e a história" (Heller, 2014).

Segundo postulados da ontologia marxiana, é por intermédio do trabalho que a realidade social (humana, histórica, cultural, significada) é criada, requerida por necessidades também humanas e históricas. Isso significa que, via apropriação daquilo que é dado ao homem, novas necessidades surgem continuamente, impondo outras e diversificadas atividades humanas sobre a natureza, com fins de transformação e atendimento a tais necessidades. Essas atividades são consubstanciadas em objetos materiais e imateriais ou, como temos denominado neste texto, em objetivações genérico-humanas, nas quais estão condensadas as atividades da humanidade relativas aos objetos em específico. Essas objetivações, por sua vez, devidamente apropriadas pela coletividade, passam a reclamar dos indivíduos novas relações com a realidade, demandando objetivações outras e adicionais, em um ciclo constante de atividade sobre a natureza com vistas à satisfação das carências humanas.

Com fins estritamente elucidativos, podemos tomar apropriação e objetivação em separado, na ciência de sua unidade dialética inconteste. A objetivação é compreendida como processo histórico de criação, de produção da cultura ou de bens culturais humanos, diversificados e ricos. Por meio desse processo — que pode se dar tanto mentalmente quanto fisicamente —, a atividade levada a termo pelo indivíduo é transferida ao objeto de produção — material ou imaterial —, transformando-se em propriedades dele. Nessa cessão, sendo assim, ocorre a objetivação do sujeito em via dupla e em dialética: um processo de exteriorização (transmutação de uma atividade interior em um objeto exterior) e um processo de concentração ou acúmulo de experiência humana. Explica Duarte (2013 [1993], p. 27):

> Ao se apropriar da natureza, transformando-a para satisfazer suas necessidades, o ser humano objetiva-se nessa transformação. Por sua vez, essa atividade humana objetivada nos produtos e fenômenos culturais passa a ser ela também objeto de apropriação, isto é, o ser humano deve se apropriar daquilo que de humano ele criou. Tal apropriação gera nele necessidades humanas de novo tipo, que exigem nova atividade, num processo sem fim.

Ainda de acordo com o autor, o trabalho, atividade especificamente humana, não apenas assegura a sobrevivência do ser humano, como também assegura a existência da sociedade e reproduz as características fundamentais do gênero humano, isto é, humaniza a natureza.

Se na objetivação a atividade humana é transmutada ao objeto, por outro lado, o processo inverso à objetivação, a apropriação, refere-se à transferência, para o indivíduo, da atividade que está concentrada no objeto. No que tange à apropriação, é por meio dela que ocorre a interiorização de conhecimentos, ideias, teorias e linguagem que, incorporados à subjetividade do sujeito, passam a compor sua personalidade, ou, como bem coloca Martins (2015, p. 36): "Pela práxis, o homem realiza o seu ser".

No que diz respeito ao gênero humano, ou àquilo que faz alusão à humanidade, desenvolve-se objetivamente — ou seja, possui existência objetiva — no/por meio do trabalho, da atividade humana, na prática social, materializando-se nos produtos, nas objetivações humanas as quais, ao serem apropriadas pelo indivíduo ou servirem como mediações às suas ações, atuam na/para a genericidade humana de cada qual dos sujeitos. Conforme explicita Duarte (2013 [1993], p. 39): "[...] o processo de apropriação é aquele no qual o indivíduo se apropria das características do gênero humano e não as da espécie".

Nessa relação de mediação promovida pela *práxis*, por meio do mundo criado pelos homens, ao ser humano é facultada a possibilidade de desenvolvimento da consciência de si e de seu pertencimento à humanidade, ao gênero humano, ou ainda mais: a impossibilidade de ser e existir apartado da coletividade, como um ser em isolamento, em consonância com a reflexão de Tonet (2006, p. 11) ao reafirmar o trabalho "[...] como o ato ontológico-primário do ser social [...]".

Importante destacar, para a discussão atinente à formação de leitores, a categorização proposta por Duarte (2013 [1993]) em relação às objetivações genérico-humanas. Segundo o autor, as objetivações distinguem-se por sua complexidade, no sentido de produtos de um processo maior ou menor de desenvolvimento humano. As objetivações genéricas em si correspondem às produções menos sofisticadas, menos elaboradas, e tendem a nascer e circular na esfera do cotidiano, tal qual apresentada por Heller (2014) — esfera da vida de todo dia, das atividades práticas e automáticas, da imediaticidade do vivido, das práticas humanas repetitivas exigentes de pouca ou rasa reflexão intelectual. Por outro lado, as objetivações genéricas para si aludem às produções humanas de maior complexidade, com um grau mais alto de elaboração e sofisticação em seu processo de desenvolvimento. Correspondem às esferas da ciência, da arte e da filosofia, e se referem a conhecimentos sistematizados que auxiliam o ser humano no processo de compreensão de si e do mundo no âmbito da totalidade, para além da pseudoconcreticidade (Kosik, 1976) ou da aparência dos fenômenos e dos objetos.

Evidentemente, na vida, não há uma separação categórica entre tais objetivações, uma vez que as relações humanas exigem circulação delas nas distintas esferas sociais. Também vale o registro de que, para que o ser humano viva sua cotidianidade, explica Duarte (2013 [1993]), ele deve se apropriar de um mínimo dos produtos da *práxis*, contudo, a fim de emancipar-se, necessita da apropriação das objetivações que possibilitam fazê-lo: as genéricas para si.

Por intermédio da apropriação promovida via prática social, em especial a assimilação de novos conhecimentos, a realidade subjetiva do indivíduo é modificada, acarretando o processo de desenvolvimento de sua personalidade. Sobre isso, Catoia Dias e Machado (2023, p. 162) discorrem:

> [...] as objetivações humanas, tudo aquilo que é do âmbito da história e da cultura, ao serem apropriadas pelo homem — subjetivadas —, passam a ser de domínio individual e servirão para a produção de novas objetivações, constituindo uma história ininterrupta. A formação do indivíduo é, assim, resultado da permanente dialética entre a objetivação da atividade humana e a apropriação da atividade objetivada nos produtos materiais e ideativos, assim como nos textos dados a ler.

Compreendendo a formação humana via processo dialético entre objetivação e apropriação, bem como a distinção entre objetivações mais e menos complexificadas, convergimos com Duarte (2013 [1993]) no entendimento de que é pela apropriação das objetivações genéricas para si que o indivíduo pode desenvolver sua personalidade enquanto sujeito efetivamente crítico, atuante na sociedade a partir de sua compreensão radical a respeito dela, com fins de transformação de uma realidade que se apresenta injusta, desigual e opressora no tocante às classes sociais existentes e promovidas pela divisão social resultante do sistema do capital.

O acesso a tais objetivações e a sua apropriação, por meio dos campos do conhecimento que superam o senso comum, possibilitam, assim, o enriquecimento do autoconhecimento, da subjetividade e da compreensão do mundo — mundo esse transmitido e, ao mesmo tempo, recriado pelas novas gerações, pois, como adverte Kosik (1976, p. 150-151), "[...] a realidade humana *não é apenas produção do novo, mas também reprodução* (crítica e dialética) *do passado*. A totalização é um processo de produção e reprodução, de reavivamento e rejuvenescimento".

A *práxis*, tomada na perspectiva da totalidade, faculta, desse modo, um processo de integração crítica e avaliativa das etapas históricas do desenvolvimento da humanidade no momento presente. Na criação da natureza social, é possibilitada ao indivíduo a capacidade de perceber o mundo e a si como produtos históricos, sínteses das relações sociais, e de explicá-lo para além da aparência fenomênica. Nessa senda, e considerando o papel do trabalho educativo na formação humana, se a escola e, mais especificamente, as aulas de Língua Portuguesa em que ocorre trabalho com leitura não forem potências desse tipo de formação e desenvolvimento humanos, que função teriam?

Formação de leitor via trabalho educativo: a busca pela elevação da genericidade humana

Feito o percurso de explicitação de nossa compreensão, a partir da perspectiva materialista, histórica e dialética, de prática social e de formação humana, desenvolveremos, na presente seção, o enfoque do capítulo: a formação de leitor, tomando, sempre e incontestavelmente, como compromisso ético do professor de língua a consecução de um trabalho educativo orientado para a humanização dos alunos, com vistas ao alcance da liberdade e da emancipação, em que pese a condição para sua efetiva concretização ser a eliminação da ordem social, política e econômica do capital, conforme elucida a teoria marxista de forma bastante consciente: "Ser realista [...] significa reconhecer [a sociedade isenta de antagonismos sociais] como um ideal que buscamos atingir" (Saviani, 2008 [1983], p. 70).

A leitura, objetivação humana presente em nosso cotidiano, ou na maior parte da cultura humana, possui importância inequívoca, não somente por sua marcante presença, mas, de acordo com a nossa defesa, por sua finalidade enquanto práxis revolucionária: a apropriação de ideias, teorias, conhecimentos imprescindíveis para a humanização dos indivíduos, para sua autonomia, autorregulação da conduta, reflexão e compreensão crítica e radical de si e do mundo em que habita com vistas a sua transformação, ou, como coloca Duarte (2013 [1993]), para a elevação da genericidade humana direcionada à individualidade genérica para si.

Na seção anterior, tratamos das objetivações genéricas em si (aquelas do âmbito do cotidiano, distanciadas da possibilidade de um entendimento da essência dos objetos e dos fenômenos, bem como do mundo) e das objetivações genéricas para si (produções humanas sistematizadas, complexificadas, sofisticadas, que promovem, desse modo, a também complexificação da individualidade humana). Na linha dos postulados marxistas, como já mencionado, é por intermédio da apropriação dos bens culturais que a subjetividade do ser vai se desenvolvendo. Ou, conforme explica Tonet (2006, p. 12):

> Assim, pode-se dizer, partindo dos fundamentos ontometodológicos elaborados por Marx, que o processo de o indivíduo singular tornar-se membro do gênero humano passa pela necessária apropriação do patrimônio — material e espiritual — acumulado pela humanidade em cada momento histórico. É através dessa apropriação que este indivíduo singular vai se constituindo como membro do gênero humano. Por isso mesmo, todo obstáculo a essa apropriação é um impedimento para o pleno desenvolvimento do indivíduo como ser integralmente humano.

Portanto, por meio da apropriação das objetivações, nas práticas estabelecidas entre os sujeitos, a genericidade humana vai se constituindo no indivíduo, em sua personalidade, haja vista estar o genérico-humano condensado nessas objetivações, tanto nas objetivações em si quanto nas para si. Sobre isso, explicam Duarte e Martins (2013, p. 53-54):

> [...] o psiquismo de cada indivíduo se desenvolve em completa dependência da natureza de sua atividade. A afirmação do psiquismo como reflexo psíquico da realidade determina compreendê-lo como um fenômeno que comporta a subjetivação do objetivo e a objetivação do subjetivado, a dinâmica apropriação/objetivação.

Nessa linha de raciocínio, a partir da qual se entende que o ser humano, ao passo que se apropria da natureza, objetiva-se nela a fim de inseri-la na atividade humana — isto é, a criação da realidade humana depende, indiscutivelmente, da apropriação da natureza e "Sem objetivar-se por meio de sua atividade, o ser humano não pode se apropriar humanamente da natureza" (Duarte, 2013 [1993], p. 32) —, podemos lançar mão de duas categorias formuladas por Duarte (2013 [1993]) e relativas à personalidade, compreendendo-as como resultado da apropriação do conjunto de objetivações genéricas já produzidas historicamente: a individualidade genérica em si e a individualidade genérica para si.

Na prática social, ou por intermédio/no interior dela, via dinâmica de apropriação/objetivação do patrimônio histórico, o ser humano vai se constituindo enquanto gênero humano — e não como espécie, isto é, vai se humanizando —, em momentos históricos específicos, marcados por relações socioeconômicas também determinadas que condicionam as relações sociais, os indivíduos e, em dialética, são por eles também determinadas.

Nesse processo, no âmbito do sistema do capital, a personalidade humana pode se desenvolver em duas direções: uma caracterizada pela subjetivação de produtos humanos mais vinculados à cotidianidade, cujos conteúdos atêm-se à superficialidade no que compete ao entendimento da realidade, do mundo, dos homens e suas práticas. A individualidade em si refere-se à formação do indivíduo como uma pessoa que faz de sua vida, de maneira rarefeita, uma relação pouco consciente com o gênero humano. O indivíduo em si realiza, na maioria das vezes, uma apropriação espontânea das relações sociais objetivadas, assumindo-as naturalmente, assépticas de seu caráter histórico e mutável. Dessa forma, os indivíduos acolhem a submissão à aparência de forças naturais dessas relações sociais, impossibilitados de transpor a pseudoconcreticidade e alcançar a essência dessas mesmas relações.

Diferentemente, a individualidade para si remete à formação do indivíduo como uma pessoa que faz de sua vida uma relação consciente com o gênero humano, ou melhor, que orienta suas atividades a partir da perspectiva da coletividade, dada sua visão de mundo desnaturalizante, histórica, dialética e pró-transformação. Tal formação faz-se possível por intermédio da natureza das atividades em que se envolvem os indivíduos, da apropriação de conteúdos superadores do conhecimento tácito ou de senso comum, e, em se tratando de escola, da qualidade das práticas desenvolvidas no âmbito do trabalho educativo, assim como das aulas de língua envolvidas com a formação de leitor.

Em alinhamento à perspectiva marxiana e ao objetivo da obra que acolhe o presente capítulo, advogamos por uma formação de leitor com vistas à formação humana omnilateral (física, manual, intelectual) dos alunos inseridos nas escolas, com vistas à sua emancipação. Somente desse modo faz-se possível um trabalho educativo com leitura voltado para a prática social presente além do muro escolar, na vida de cada um dos indivíduos ou, como costuma aparecer em documentos e textos alusivos à escolarização: um trabalho educativo que tenha sentido para os alunos, que possua relação com a vida real.

Acerca dessa ideia tão amplamente propalada e aparentemente desgastada do "fazer sentido aos alunos", importa destacar a nossa compreensão de que toda ação didático-pedagógica só faz sentido, só possui significação, se vinculada à prática social, às atividades humanas tais quais vivenciadas por todos nós (inclusive nossos alunos) em nossas relações sociais, de tal modo que Saviani (2008 [1983]) propõe, no âmbito de sua teoria pedagógica histórico-crítica, um método de ensino que, partindo da prática social, envolve momentos dialeticamente imbricados de problematização, instrumentalização e catarse, para retornar a essa mesma prática social de outro modo, com entendimento diverso e teoricamente embasado.

Vale ainda registrar que a eleição de específicos recortes da prática social por parte do professor e, em decorrência, de determinados conhecimentos como conteúdos a serem aprendidos, possui como premissa a compreensão do aluno como um sujeito concreto, produto das relações sociais, e não apenas como sujeito empírico, possuidor de desejos e necessidades imediatos e instantâneos que devem ser atendidos pela escola prontamente.

Nessa senda, a leitura toma posição central no que tange à apropriação de conhecimentos sistematizados nas atividades de estudo, do que decorre a relevância de um trabalho adequado ocupado com a formação de leitor, tanto para a apropriada consecução das atividades escolares quanto para a inserção crítica dos indivíduos nas práticas sociais por eles vivenciadas no presente, bem como aquelas vindouras. Isso porque o processo de apropriação do conhecimento e o ato de ler não se dão espontaneamente pelo aluno; requerem uma intervenção planejada, organizada e sistemática por parte do professor ou, como afirma Vigotski (2007 [1978]), do sujeito mais experiente em relação a um objeto de estudo.

A partir da incidência docente contínua no desenvolvimento do aluno, este pode avançar qualitativamente quando da assimilação da experiência histórico-social relativa aos conhecimentos científicos e não pela apropriação de qualquer habilidade ou conceito particular. Eis a importância da entrada de objetivações genéricas para si na sala de aula, consubstanciadas em conhecimentos científicos, artísticos e filosóficos, conhecimentos desfetichizadores, constituídos pelo desmascaramento da aparência falseadora e propulsores de compreensões teoricamente fundamentadas acerca de língua, texto e leitura (no caso da disciplina Língua Portuguesa e de aulas destinadas à formação de leitor), acerca de si mesmos enquanto sujeitos históricos e pertencentes a classes sociais, acerca da realidade natural e social em suas variadas dimensões (política, econômica, entre outras), bem como do momento histórico em que vivem, em sua totalidade.

A apropriação de conceitos da ordem do pensamento científico, além de impulsionar a participação política do povo, forma a consciência da relevância do conhecimento sofisticado e a percepção da privação desses conceitos na vida de grande parte dos trabalhadores, haja vista a transmutação do conhecimento em meio de produção e de sua tomada, como característico do capitalismo, por parte da classe burguesa, detentora dos meios de produção.

Nesse sentido, e em se tratando do processo de formação de leitor, decorre a relevância, em sala de aula, de uma seleção de textos, por parte do professor de língua, não habituais aos alunos, pertencentes às esferas institucionais, científicas, artísticas e filosóficas, na contramão de um certo pragmatismo pedagógico presente na formação de leitor e na promoção de leitura, como alerta Britto (2012). Isso porque a escola deve facultar o acesso aos conhecimentos que são monopolizados pela elite e materializados em específicos textos obstaculizados aos trabalhadores e a seus filhos. Como adverte Saviani (2008 [1983]), o conhecimento é arma na luta de classes; é preciso seu domínio por parte do proletariado para que se instrumentalizem e ajam conscientemente no que respeita ao conflito social.

Promover acesso a tais conhecimentos presentes em determinados textos não familiares ao aluno integra a democratização tão almejada e buscada quando se trata de organização e direitos sociais. Nesta discussão, importa destacar que o caso não é de simplesmente banir os textos da ordem do cotidiano, seus conhecimentos, bem como as formas costumeiras de ser e de perceber a vida, mas de não centralizar a atividade de estudo neles, restringindo-se àquilo que já é de conhecimento e de domínio (ou deveria ser) dos alunos. Assim, compreendemos e defendemos um trabalho de formação de leitor que vai das manifestações mais complexas de relação com a leitura às mais simples.

A leitura, enquanto objetivação genérico-humana, dá-se em condições históricas determinadas, fazendo com que a percepção de cada leitura esteja subordinada à força com que o genérico-humano nela se realiza, tal qual discute Britto (2017). Nessa perspectiva, toda interpretação de texto depende, inevitavelmente, do quanto de significação já foi produzida ao longo da história humana e transmitida a cada geração, partindo sempre do conteúdo desenvolvido no texto e em acordo com o objetivo de seu autor.

Além disso, como desenvolve Kosik (1976), a interpretação do texto também é uma avaliação pelo leitor, em que ele atribui maior ou menor importância a partes e aspectos determinados do texto/da obra, que considera mais relevantes de acordo com seu juízo de valor e suas crenças e concepções, na base das quais a interpretação ocorre. Ou seja, o leitor vai ao texto mergulhado em suas representações e conhecimentos, com os quais atribui determinados significados ao conteúdo elaborado pelo autor, sem, contudo, autorizar-se a se distanciar desse conteúdo ali objetivado, em uma interpretação livre e absolutamente singular.

À luz dos postulados marxistas aos quais se vinculam elaborações acerca do desenvolvimento humano, em especial do desenvolvimento dirigido à individualidade para si ou omnilateral, reconhece-se a especificidade e a centralidade da dinâmica apropriação/objetivação na formação humana, como bem coloca Duarte (2013 [1993]). Essa relação dialética entre apropriar e objetivar, assim como afirma Perdigão (2022, p. 65), "[...] envolve o processo de interpretação sobre objetos da cultura produzidos nos diferentes campos de conhecimento". A autora, em diálogo com Britto (2015), acrescenta:

> Ao invés de assumir que nascemos prontos, uma educação formativa precisa ser propositiva, mas sem ser impositiva. Do mesmo modo, também deve reconhecer no sujeito seu potencial e suas limitações, mas sem se restringir ao já conhecido e afastando-se do discurso de relativismo cultural (Britto, 2015).
>
> Para que exista possibilidade de progredir com uma política de formação que se aproprie de uma visão de liberdade e, portanto, crítica, distanciando-se do pragmatismo, é necessário reconhecer a condição histórica da leitura e do conhecimento. Dessa maneira, a intervenção político-pedagógica na formação de leitores será cada vez mais comprometida à medida que se toma consciência desse processo (Britto, 2015) (Perdigão, 2022, p. 71).

Tal qual desenvolvido em Catoia Dias e Machado (2023), a abordagem de formação de leitor defendida por nós é aquela que torna o indivíduo capaz de evitar armadilhas ideológicas contidas nos textos e de se posicionar criticamente, desnaturalizando concepções de mundo burguesas de cunho conservador em relação ao *status quo*. Para tanto, a referência do trabalho com leitura se torna o gênero humano e não capacidades ou competências isoladas, como explicitadas em documentos orientadores de ensino, tal qual a Base Nacional Comum Curricular (Brasil, 2018), construídas sob o pilar de postulados pedagógicos norteados pela adaptação à sociedade e por necessidades mercadológicas do sistema econômico.

Superando os modelos tradicionais de formação de leitor na escola, de um lado, e os ditos "inovadores", de outro, convergimos com os princípios da pedagogia histórico-crítica (Saviani, 2008 [1983]), que funda uma proposta pedagógica efetivamente crítica e de cunho revolucionário, ocupada com uma formação humana via apropriação do patrimônio cultural historicamente produzido, melhor dizendo, com as objetivações genéricas para si (portanto, com a leitura fonte desses conteúdos), essencial para a transformação da ordem social, econômica e política vigente desejada por nós. Superar um modelo espontâneo com vistas ao intencional faz-se mister na agenda de todos os envolvidos com a educação no cenário nacional, em especial dos professores de língua responsáveis pela formação de leitores na Educação Básica.

Considerações finais

Ao longo deste capítulo, baseadas na concepção materialista, histórica e dialética da realidade, buscamos apontar a urgência de compreendermos a leitura como objeto do conhecimento que carrega em si um caráter intrinsicamente revolucionário, porque é instrumento por meio do qual os leitores podem acessar aquilo de mais elevado que a humanidade já produziu, humanizando a si e compreendendo a realidade como fruto de seu próprio trabalho. E, em sendo a realidade fruto das lutas históricas travadas entre os homens, como aponta Heller (2014, p. 28): "[...]

as alternativas históricas são sempre reais: sempre é possível decidir, em face delas, de um modo diverso daquele em que realmente se decide", ou seja, não é obrigatório que a sociedade se identifique imediatamente com o modo capitalista; pode, sim, assumir outro modo socioeconômico, menos brutal e desigual, o que apenas se faz possível por meio da luta coletiva.

Por fim, ainda que tenhamos tratado da atividade de leitura em seu modo mais amplo ao longo de nossa discussão, cabe fazer uma ressalva em relação específica à leitura na sua manifestação artística — a literatura. É certo que a leitura pode proporcionar conhecimentos sobre as diversas faces da sociedade em seus mais diversos gêneros do discurso, sendo eles carregados dos mais distintos temas. Contudo, importa trazer a especificidade da humanização pela literatura, já que é ela objeto central nas aulas de Língua Portuguesa. Antônio Cândido, em seu texto "O direito à literatura", assim expõe a questão:

> Entendo aqui por *humanização* [...] o processo que confirma no homem aqueles traços que reputamos essenciais, como o exercício da reflexão, a aquisição do saber, a boa disposição para com o próximo, o afinamento das emoções, a capacidade de penetrar nos problemas da vida, o senso da beleza, a percepção da complexidade dos seres, o cultivo do humor. A literatura desenvolve em nós a quota de humanidade na medida em que nos torna mais compreensivos e abertos para a natureza, a sociedade, o semelhante (Candido, 2011 [1988], p. 182).

O ensino de literatura propriamente será discutido nos capítulos subsequentes desta obra, contudo, importa aqui ressaltar a importância também dessa forma específica de produção humana, de trabalho meticuloso com as palavras que transforma o banal em objeto artístico, no processo de humanização dos sujeitos. Não qualquer literatura, evidentemente, mas aquela que nos lembra de nossa condição humana e que, ao invés de nos fazer esquecer da morte porque nos entretém apenas, nos faz lembrar da vida (e também da morte) porque nos faz viver.

Esperamos que as discussões realizadas nestas páginas promovam reflexões sobre o trabalho com leitura realizado em sala de aula, comprometido com a superação das relações estritas e fetichizadas da vida cotidiana para que, por meio da leitura, os indivíduos possam desenvolver uma individualidade para si comprometida com a construção de uma sociedade outra, mais justa, democrática e efetivamente igualitária.

REFERÊNCIAS

BRASIL. Secretaria de Educação Fundamental. *Parâmetros Curriculares Nacionais*: terceiro e quarto ciclos do ensino fundamental: introdução aos parâmetros curriculares nacionais. Brasília: MEC/SEF, 1998.

BRASIL. Ministério da Educação. *Base Nacional Comum Curricular*. Brasília: MEC, 2018.

BRITTO, Luiz Percival Leme. *Inquietudes e desacordos*: a leitura além do óbvio. Campinas: Mercado de Letras, 2012.

BRITTO, Luiz Percival Leme. *Revés do avesso*: leitura e formação. São Paulo: Pulo do Gato, 2015.

BRITTO, Luiz Percival Leme. O engodo subjetivista e a formação do leitor. *Revista Nuances*, Presidente Prudente, v. 28, n. 2, p. 8-23, maio/ago. 2017. Disponível em: https://revista.fct.unesp.br/index.php/Nuances/article/view/5093/0. Acesso em: 23 jul. 2023.

CANDIDO, Antonio. *Vários escritos*. Rio de Janeiro: Ouro sobre Azul, 2011 [1988].

CATOIA DIAS, Sabatha; MACHADO, Pierre S. O trabalho educativo com leitura: da superação da consciência reificada à individualidade para si. *In*: CHRAIM, Amanda Machado; PEDRALLI, Rosângela; CATOIA DIAS, Sabatha. (org.). *O desenvolvimento da consciência na formação de professores*: enfoque no trabalho escolar com língua. Rio Grande, RS: Ed. da FURG, 2023. p. 146-171.

DUARTE, Newton. *A individualidade para si*: contribuição a uma teoria histórico-crítica da formação do indivíduo. 3. ed. rev. Campinas: Autores Associados, 2013 [1993].

DUARTE, Newton; MARTINS, Lígia Márcia. As contribuições de Aleksei Nikolaevich Leontiev para o entendimento da relação entre educação e cultura em tempos de relativismo pós-moderno. *In*: FERRO, Olga Maria dos Reis; LOPES, Zaira de Andrade. (org.). *Educação e Cultura*: Lições históricas do universo pantaneiro. Campo Grande: UFMS, 2013. p. 43-79.

FRANCHI, Carlos. *Mas o que é mesmo "gramática"?* São Paulo: Parábola Editorial, 2006 [1991].

GERALDI, João Wanderley. Unidades básicas do ensino de português. *In*: GERALDI, João Wanderley (org.). *O texto na sala de aula*. 4. ed. São Paulo: Ática, 2006 [1984]. p. 59-79.

GERALDI, João Wanderley. *Portos de passagem*. São Paulo: Editora WMF Martins Fontes, 2013 [1997].

HELLER, Agnes. *O cotidiano e a história*. 10. ed. São Paulo: Paz e Terra, 2014.

KOSIK, Karel. *Dialética do concreto*. 2. ed. Rio de Janeiro: Paz e Terra, 1976.

MARTINS, Lígia Márcia. *A formação social da personalidade do professor*: um enfoque vigotskiano. 2. ed. Campinas: Autores Associados, 2015.

MARX, Karl. *Manuscritos econômico-filosóficos*. São Paulo: Boitempo, 2010 [1844].

MARX, Karl. O *Capital*: crítica da economia política. Livro I: O processo de produção do capital. 2. ed. São Paulo: Boitempo, 2017.

PERDIGÃO, Jéssica da R. *O processo de (re)conceptualização de formação do leitor na contribuição teórica de Luiz Percival Leme Britto*: uma análise à luz da abordagem histórico-cultural. 2022. Dissertação (Mestrado em Linguística Aplicada) — Programa de Pós-Graduação em Linguística Aplicada, Universidade Federal de Santa Catarina, Florianópolis, 2022.

SAVIANI, D. *Escola e democracia*. Edição comemorativa. Campinas, SP: Autores Associados, 2008 [1983].

SAVIANI, Dermeval. Marxismo, educação e pedagogia. *In*: SAVIANI, Dermeval; DUARTE, Newton. *Pedagogia histórico-crítica e luta de classes na educação escolar*. Campinas: Autores Associados, 2012. p. 59-86.

SAVIANI, Dermeval. *Pedagogia histórico-crítica*: primeiras aproximações. 11. ed. rev. Campinas: Autores Associados, 2013.

TONET, Ivo. Educação e formação humana. *Ideação*, v. 8, n. 9, p. 9-21, 2006. Disponível em: https://e-revista.unioeste.br/index.php/ideacao/article/view/852. Acesso em: 20 jan. 2024.

VÁZQUEZ, Adolfo Sánchez. *Filosofia da práxis*. São Paulo: Expressão Popular, 2011.

VIGOTSKI, Lev S. *A formação social da mente*. 7. ed. São Paulo: Martins Fontes, 2007 [1978].

VOLÓCHINOV, Valentin. *Marxismo e filosofia da linguagem*: problemas fundamentais do método sociológico na ciência da linguagem. São Paulo: Editora 34, 2021 [1929].

CAPÍTULO 5

A DIALÉTICA ENTRE LEITURA E PRODUÇÃO DE TEXTO: O QUESTIONÁRIO DE INTERPRETAÇÃO DE TEXTO COMO INSTRUMENTO PARA A OBJETIVAÇÃO DA SUBJETIVIDADE

AMANDA MACHADO CHRAIM
ROSÂNGELA PEDRALLI

Posições hegemônicas no campo: o lugar da leitura e da produção textual

Reconhecer a especificidade do trabalho com leitura no processo de educação linguística não significa supor que o trabalho educativo deva tratá-la haurida das outras formas pelas quais a linguagem verbal compõe as práticas sociais. Pelo contrário, ela, no mais das vezes, se dá em estreita correlação com a produção de textos, sejam eles orais ou escritos, especialmente quando tomada à luz da atividade de estudo, a principal nas instâncias voltadas à formação humana, como a escolar e a universitária. Isso porque, dentre outros aspectos, é pela leitura, que é processo-base para a apropriação dos objetos culturais, que vai se complexificando a subjetividade, a qual tem uma dimensão objetiva, e assim abre-se a possibilidade da objetivação sempre mais adensada dos indivíduos.

A produção textual, nessa direção, seria como a face visível desse processo todo, que envolve em dialética a leitura e a escritura em práticas sociais, porque concebidas como indissociáveis da totalidade. A produção textual no âmbito das instâncias formais de ensino faria sentido, nesse contexto filosófico, como "processo e resultado" dos avanços na direção da formação do pensamento teórico e da fruição estética, formação que é assumida como condição para a consciência dos sujeitos.

Assim, em grandes linhas, estaríamos ecoando o pensamento de base materialista, histórico e dialético, a partir do qual é possível considerar a consciência de classe como uma forma específica de objetivação da subjetividade. Isso na medida em que se reconhecer como sujeito concreto/histórico seria indispensável, ainda que não garantia, para a formação do sujeito coletivo. Tendo essa tópica como orientadora, nesta seção de capítulo apresentamos, já numa perspectiva crítica, as discussões de certa forma hegemônicas acerca dessa temática no campo do ensino e da aprendizagem de língua portuguesa, da Educação Básica ao Ensino Superior.

Ousamos assumir como ponto de partida da discussão desta seção a premissa de que algumas elaborações teóricas do campo do ensino e da aprendizagem de língua vêm ganhando, especialmente nas últimas três décadas, *status* de hegemônicas, convertendo-se em certos casos em mantras que são repercutidos em ambientações pedagógicas e científicas a despeito daquilo que as sustentam teórico-filosoficamente. Tais elaborações dão vazão a um conjunto de termos ou expressões que perderam sua conceitualização de origem, podendo ser tomados em esvaziamento de definições, como jargões que inscreveriam o sujeito numa certa concepção, ou ser alinhados a concepções estranhas, muitas vezes convergentes com projetos didáticos obscuros, mas sempre ideologicamente comprometidos.

É a partir de tal premissa, assim, que são elencadas para a discussão que segue posições teórico-metodológicas relativamente consensuadas no/pelo campo como indispensáveis à formação do responsável pela educação linguística de estudantes, seja na Educação Básica ou no Ensino Superior. De modo geral, tal consenso é produzido ou pela prevalência dessas posições na produção científica de um dado momento histórico, ou por se projetarem como marco teórico alternativo ao que se apresentava como vigente pedagogicamente, ou, ainda, por figurarem, de modo mais ou menos declarado, como estofo teórico-metodológico em marcos legais, políticas de formação docente e materiais didáticos.

Nesses termos, as subseções que seguem derivam da tentativa de aproximação dessas posições hegemônicas do campo em dois blocos, quais sejam: as que sobredimensionam o lugar da leitura no trabalho educativo e as que o fazem em relação à produção textual. Importa antecipar que, afora (i) a apresentação, análise e crítica que buscaremos realizar e (ii) a nossa eventual aposta numa dessas ações como radical no processo de formação humana, a remissão nessa categorização a sobredimensionamentos se dá pela natureza mecânica a partir da qual entendemos que esses enfoques tendem a se dar. Na sequência, é isso que buscaremos evidenciar.

Leitura sobredimensionada

É certo que a leitura recebe uma valoração essencialmente positiva na realidade social produzida historicamente. Tal valoração, ainda que envolva tanto a visão social de mundo conservadora do *status quo* quanto a de pró-transformação dele, compõe notadamente o senso comum, o qual, no modo de organização societário vigente, é inescapavelmente liberal. Sob essa orientação, a assertiva de que "ler é bom" encobre um sem-número de implicações políticas, econômicas, sociais, culturais e, portanto, também pedagógicas.

Nesse sentido, Britto (2003) oferece uma contribuição significativa ao colocar luz sobre o que ele chama de adágios que se desdobram da acepção de que ler é ato positivo em si mesmo e sobre as razões que permitiriam a manutenção desse mito na forma de senso comum, ainda que facilmente desmontável se submetido à reflexão. Entendendo a leitura como ato que é ao mesmo tempo prática social, ação intelectiva, ação cultural e ato de posicionamento político, o autor em menção irá colocar em suspensão a positividade da leitura, questionando a relação de automatismo entre causa e efeito para a formação dos sujeitos na direção de uma forma de sociedade, em síntese, mais harmônica. Para isso, ele apresenta e discute noções que grassam no senso comum para validar esse lugar destacado da leitura em si mesma, a exemplo de "a leitura é fonte inesgotável de prazer", "o sujeito que lê é criativo", "quem lê viaja por mundos maravilhosos", dentre noções afins.

Dessas noções e da positividade da leitura de modo geral, é facilmente depreendida a propensão ao sobredimensionamento da leitura a partir de duas percepções, entrelaçadas: (i) leitura em si mesma, desnuda de objeto, como processo formador por si só — em se lendo, faz-se um sujeito melhor —, seja sob a lógica cognitiva estrita, seja sob a social numa perspectiva de sociedade harmoniosa, justa e igualitária, sem tensionar o modo societário capitalista; (ii) leitura como finalidade, como fim em si nas práticas humanas e no processo escolar, descolada/desatrelada dos processos específicos de produção de texto e, sobretudo, da compreensão de seu lugar como forma de apreensão e compreensão crítica da realidade social.

Sem desconsiderar o já anunciado entrelaçamento que entendemos haver entre essas duas percepções em suas manifestações fenomênicas, convém tratar de cada uma delas separadamente. Nessa direção, a lógica cognitiva estrita tomará a leitura como um fim em si mesmo e como o próprio objeto de apropriação na medida em que focaliza o processamento da leitura como representativo da formação de leitores. Para isso, apoia-se na compreensão de que o cérebro, dada sua propriedade de plasticidade, possibilitaria diversas formas de conexões sinápticas e seria capaz de ler. Com tal finalidade, determinadas habilidades cognitivas deveriam ser desenvolvidas (treinadas?) pelos indivíduos, do que são exemplos a localização de informações e a recuperação de referentes. Em sendo desenvolvidas, redes neurais seriam ativadas e o indivíduo leria — assim mesmo, indiscriminadamente, fazendo-se leitor, portanto[1].

No que diz respeito à defesa de que ler em si ou ser leitor em si carregaria potencial de transformação social, há contradições diversas, impossíveis de serem recobertas no âmbito deste capítulo e do enfoque a que sua discussão se propõe. Delas, vale destacar que o ideal de transformação das

1 Para compreensão mais detalhada desta ênfase, cf. Catoia Dias (2012) e Cerutti-Rizzatti, Cassol Daga e Catoia Dias (2014). Para esclarecimento, os trabalhos referenciados não aderem à perspectiva em menção, mas apresentam um bom movimento de resenha de textos fundamentais dessa abordagem, para então propor uma relação dela com a abordagem sociocultural, aposta com a qual divergimos, vale o registro, ainda que reconheçamos a relevância da tentativa na direção de fazer avançar o pensamento científico sobre a temática.

sociedades identificado em sua base é o de melhora social, de reformas pontuais com vistas a torná-la sobretudo mais harmoniosa, justa e igualitária, para o que bastaria que os sujeitos lessem, fossem leitores. Ocorre que, afora a visão asséptica da luta de classes própria do capitalismo, da necessidade de sua superação e das profundas contradições sociais que a acompanham, a positividade conferida à leitura nesse caso está condicionada ao objeto livro e não a formas cotidianas de relação com o escrito. É, contudo, quase irrelevante a essa perspectiva que tipo de livro, que tipo de aspecto da realidade o objeto apreende, que tipo de visão social de mundo é projetada na representação que tal objeto apresenta. Trata-se de uma positividade que ignora essas questões, mas não o faz sem marcar politicamente uma posição: a positividade de ler está condicionada à relação com o objeto livro, a qual em nossa sociedade é também profundamente perpassada por questões político-econômicas (Cf. Britto, 2003, 2012).

Em se tratando da leitura como finalidade do trabalho educativo em si mesmo, vale ponderar que, ao ser tomada como tal, pelo menos três aspectos fundamentais a ela e presentes em dialética no ato de ler são secundarizados — no limite, desconsiderados: (i) assumir a leitura como finalidade em si não é isomórfico ao reconhecimento de sua especificidade; (ii) reconhecer a leitura como processo específico não significa ignorar que nas práticas humanas ela aparece dialetizada com outras formas de manifestação da simbolização verbal; (iii) identificar a leitura como uma das formas a partir das quais os seres humanos simbolizam implica assumir que tal simbolização é a materialização/concentração de atividades produzidas historicamente, incluindo-se arte, ciência e filosofia, nodais na constituição dos currículos escolares, por serem nodais à formação humana, para o que a correlação desses currículos com a realidade social compartilhada é indispensável para a formação da consciência de classe e da subjetividade dos indivíduos[2].

2 Objetivando apreensão com o aprofundamento necessário das contradições envolvidas nesta ênfase, a presente obra, na qual se insere este capítulo, foi produzida, para o que indicamos o seu estudo, portanto.

Tendo presente essas ênfases e a complexidade que as envolve, especialmente por se estabelecerem no senso comum e, também por isso, serem tomadas assepticamente das múltiplas determinações inerentes a elas, assumimos a impossibilidade de pensar a leitura sem considerá-la em dialética com a produção textual quando temos a atividade de estudo em focalização, como se dá nas instâncias formais de formação humana. Reafirmando esse entrelaçamento entre ambas as ações, passamos à discussão acerca do sobredimensionamento da produção textual.

Produção de texto sobredimensionada

A história recente do campo do ensino e da aprendizagem de língua portuguesa foi marcada por uma importante inflexão: a da tomada de elementos gramaticais como objeto do trabalho educativo para a ênfase no texto como esse objeto. Trata-se de um fenômeno que, como tal, é a manifestação aparente de um conjunto importante de determinações e contradições. Não buscaremos aqui exaurir tal conjunto por não se tratar de nosso enfoque, mas convém destacar alguns aspectos que permitirão identificar com maior precisão a tomada em sobredimensão da produção textual.

O primeiro deles diz respeito a um modo de enfrentar o problema do conhecimento que, embora seja marca da epistemologia moderna, é combatido pelo materialismo histórico e dialético, que apresenta uma "solução" que entendemos mais satisfatória à produção científica, mas não apenas. Sem nos atermos a um grande recuo epistemológico, convém mencionar que a ciência moderna é marcada em sua história pelo embate entre dois paradigmas, o positivista e o historicista, os quais apresentam, em linhas gerais, respostas aparentemente antagônicas ao que seja conhecer: o primeiro deles vai defender que para conhecer é necessário, grosso modo, haurir objeto e pesquisador das dimensões socioculturais, políticas e econômicas, convertendo-se em uma proposta epistemológica que assume a verdade como a-histórica; o segundo, por outro lado, irá apresentar-se como alternativa a tal paradigma, defendendo que, para conhecer, é necessário "encharcar-se" dos contextos em que os objetos de compreensão são tomados, sendo tais objetos sempre explicados situadamente, não havendo, pois, uma verdade ou a possibilidade de produção de conhecimento objetivo. Trata-se, assim, de embate epistemológico que se funda na mútua negação, numa inflexão radical (Cf. Löwy, 1987).

Esse embate, como não poderia deixar de ser, repercute diretamente nas discussões do campo da educação e, consequentemente, nos currículos de todos os componentes curriculares, incluindo-se, assim, o de Língua Portuguesa. É sabido que o currículo não envolve apenas o elenco de conteúdos/objetos de ensino. Contrariamente, os currículos demarcam concepções e tendências pedagógicas a partir das quais esses conteúdos ou objetos são definidos. É nesse sentido que é possível assumir que a inflexão identificada como fenômeno no campo de ensino e de aprendizagem de língua portuguesa — elementos gramaticais como objeto ou textos como objeto — tem em sua base um conjunto importante de fundamentos e contradições, dentre os quais uma forma de responder ao problema do conhecimento. De maneira esquemática, é possível afirmar que a assunção desse objeto como os elementos gramaticais em si e por si mesmos representou uma resposta alinhada ao positivismo, ao passo que a tomada do texto, por ser representativo dos usos da linguagem verbal, significou uma resposta orientada por bases historicistas, sobretudo a de matriz fenomenológica.

Ao pontuar que é no texto que a língua "[...] se revela em sua totalidade quer enquanto conjunto de formas e de seu reaparecimento, quer enquanto discurso que remete a uma relação intersubjetiva constituída no próprio processo de enunciação marcada pela temporalidade e suas dimensões", Geraldi (1991, p. 135) se inscreve nessa perspectiva a partir da qual é possível identificar a finalidade do trabalho educativo com o uso em si e por si da linguagem verbal em práticas humanas (Chraim, 2023). O autor, contudo, apesar de apresentar e discutir leitura e análise linguística, demarca que uma das formas de concretização desses usos deva ser prioritária, registrando considerar "[...] a produção de textos (orais e escritos) como ponto de partida (e ponto de chegada) de todo o processo de ensino/aprendizagem de língua" (Geraldi, 1991, p. 135).

É, em certa medida, essa definição do autor que, ao ser absorvida por um importante documento oficial do âmbito da educação nacional, os Parâmetros Curriculares Nacionais (1997), acaba vigorando nas pesquisas e nos processos de ensino e aprendizagem brasileiros voltados à educação linguística. A partir de uma posição amparada na concepção de língua de caráter sociocultural, as ideias do autor passam a ser difundidas e defendidas como esteio para que um conjunto de gêneros do discurso seja elencado nesse documento para cada ano escolar, com a justificativa de balizarem a escolha de textos para comporem o trabalho educativo.

Não nos estenderemos aqui discutindo todos os desdobramentos pedagógicos e as fundamentações teórico-filosóficas disso, mas não é possível nos abster de tratar de dois pontos que permitirão a compreensão do movimento histórico que redunda no sobredimensionamento da produção textual. O primeiro deles diz respeito à profunda contradição que o elenco dos textos a partir de gêneros discursivos previamente definidos significa em relação à própria teoria-base, a bakhtiniana, contradição que consiste, em suma, em uma cristalização daquilo que é da ordem do movimento, as interações humanas nas práticas sociais. São elas, em princípio, que justificaram a tomada dessa teoria, originária da filosofia, pelo campo da educação. O próprio Geraldi, em obra publicada em 2010, dedica um capítulo à discussão em causa, expressando contrariedade em relação à apropriação desvirtuada das ideias bakhtinianas, movimento que ele atribui à concepção tecnicista de educação (Cf. Silva Farias, 2020; Chraim; Pedralli, 2022).

Na proposição de ranqueamento de gêneros do discurso por seriação, ganham sobrelevo as ideias dos autores genebrinos Dolz, Noverraz e Schneuwly (2001), na forma de proposta teórico-metodológica conhecida como 'sequências didáticas'. Trata-se de proposta que, embora textualmente registrado na obra de referência, paute o trabalho com produção textual, "[...] sem pretender, de forma alguma, cobrir a totalidade do ensino de produção oral e escrita [...]" (Dolz; Noverraz; Schneuwly, 2001, p. 82), afirmando-se que "[...] as sequências não podem assumir a totalidade do trabalho necessário para levar os alunos a um melhor domínio da língua e devem apoiar-se em certos conhecimentos [...]" (Dolz; Noverraz; Schneuwly, 2001, p. 96), parece encontrar ressonância na ideia de produção de texto como ponto de partida e de chegada (Geraldi, 1991), o que, por sua vez, ainda que indiretamente, reverbera ideias de finalidade educativa identificadas ao mantra do aprender a fazer, bem ao gosto do tecnicismo, combatido por Geraldi (2010).

Sob esse enquadramento minimamente retomado, o eixo da produção de texto aparece sobredimensionado, de modo que a leitura se torna processo meramente auxiliar, subordinado à produção textual: lê-se para que se escreva, seja para familiarização com a caracterização do gênero do discurso em causa, seja para alimentação temática demandada pelo processo de produção verbal oral ou escrita. No limite, numa abordagem como essa, a formação humana se descola na origem da apropriação de objetos culturais clássicos e do domínio de elementos teórico-conceituais que permitam a compreensão crítica da realidade, sem a qual o desenvolvimento da consciência de classe e da subjetividade humana são barrados desde a prévia-ideação do trabalho educativo, porque limados dos projetos formativos.

Por um reposicionamento da leitura e da produção textual no campo: redialetização entre as práticas

Partindo do *détour* realizado na seção anterior, a proposta assumidamente ensaística desta seção busca reposicionar não só a indissociabilidade entre os processos de leitura e produção textual, mas também, e talvez sobretudo, defender a leitura como movimento primeiro — assumindo-se "primeiro" aqui como momento, não como etapa com viés linear —, sem o qual a autoria não se desenvolve para além de uma conformação empírica de sujeito.

Fazemos menção, para isso, primeiramente, à discussão de Duarte (2013) sobre a formação do gênero humano como resultado da história objetivante, por entendermos que o autor sintetiza e aprofunda consistentemente os fundamentos do materialismo histórico e dialético. Tomando, assim, o gênero humano como resultado da história social, é pela dinâmica do processo entre apropriação e objetivação que o ser humano se autoconstrói ao longo da história. E se assumimos que os indivíduos particulares repetem na sua história singular o movimento mais geral de constituição humana, tornando-se síntese das relações sociais, parece-nos possível desde o início afirmar que a leitura é um processo diretamente relacionado ao que se entende por apropriação ou subjetivação: a incorporação da atividade humana às características do sujeito.

A produção textual, nessa lógica, coloca-se como parte da objetivação do indivíduo, sendo esse o processo por meio do qual a atividade do sujeito se transforma em propriedades do objeto. É sempre uma obviedade, à luz do materialismo histórico e dialético, a reiteração de que tais movimentos acontecem em dialética, ou seja, numa dinâmica que considera a sua indissociabilidade, e buscando nos afastar de simplificações (quem veio antes, o ovo ou a galinha?), temos procurado refletir filosófico-teoricamente sobre as maneiras como tal dinâmica se materializa no âmbito da educação escolar, sobretudo no que é específico do ensino e da aprendizagem da leitura e da escritura.

Se a incorporação, pelo sujeito, da atividade contida no objeto depende da apropriação, nesta sociedade em que modalidade escrita da língua tem caráter de centralidade nas relações, torna-se no mínimo pertinente supor que a leitura deve ser um processo altamente privilegiado na instituição escolar — e, conforme já discutimos na seção anterior, tomada sob fundamentos que não a coloquem como finalidade em si mesma. A leitura, como condição para a apropriação de objetos culturais, é também meio pelo qual a objetivação da subjetividade humana pode se dar: "O que possibilita o desenvolvimento histórico é justamente o fato de que a apropriação de um objeto [...] gera, na atividade e na consciência dos seres humanos, novas necessidades e novas forças, faculdades e capacidades" (Duarte, 2013, p. 32).

Assim, assumindo-se a produção textual como processo fundamental para a contínua e sempre mais complexa objetivação da subjetividade humana, e assumindo-se que não se pode considerar um ponto de partida para a objetivação se a ela não estiver implicada a apropriação — anterior e concomitante —, torna-se frágil supor, a nosso ver, que a produção textual na escola seria o ponto de partida (e o ponto de chegada) do ensino e da aprendizagem.

O ponto de partida, pois, é a própria prática social, que implica dialeticidade entre apropriação e objetivação. Resulta-se, assim, a compreensão de que o ensino de produção textual, que acontece em uma instituição central para a reprodução da vida social, não poderia ser desatrelado do seu intrincado vínculo com a leitura, garantindo, desse modo, a dialeticidade própria do campo social mais amplo.

Em se assumindo que indicações metodológicas mais ou menos precisas somente são coerentes quando implicadas às bases epistemológicas que as fundamentam, e assumindo-se, também, que, pela via de uma pedagogia crítica, o encaminhamento dos processos de ensino e aprendizagem deve ser uma elaboração autoral dos professores, dada a dimensão intelectual de seu trabalho, nosso intuito nesta seção distancia-se de uma indicação diretiva sobre o que deva ser feito nas aulas de educação linguística. Propomo-nos, isto sim, a provocar reflexões acerca de percursos possíveis e desejáveis quando a assunção primordial é a de formar leitores em vistas do desenvolvimento da sua consciência.

Nesse sentido, e isso é já evidente, nossas proposições de ordem teórico-metodológica buscam superar os embates associados a um alinhamento positivista ou historicista, bem como as discussões que insistem em localizar o ensino dos gêneros do discurso como a solução para o que historicamente se verificou como constitutivo das aulas de Língua Portuguesa, o ensino dos aspectos gramaticais por meio de um despropositado distanciamento dos usos que caracterizam a linguagem.

Essa superação, possível somente por meio da lógica dialética, não nega, assim, a relevância da teoria dos gêneros do discurso, muito menos a sua consideração quando se trata do ensino de leitura — é certo, sobre isso, que os textos, sempre materializados em determinados gêneros, só podem ser lidos, no modo como entendemos o que seja a leitura, quando se leva em conta, entre tantos outros aspectos, as especificidades de cada gênero do discurso. O que propomos, entretanto, é um percurso pedagógico que, comprometido com a produção textual por meio da sua indissociabilidade com a leitura, se dê para além do ensino dos gêneros do discurso, o que significa, necessariamente, incorporá-los.

Importa o destaque de que a mencionada incorporação é um processo presente também quando tomamos a relação entre gêneros cotidianos e gêneros desenvolvidos: estes incorporam aqueles, de maneira que, esta é nossa defesa, a escola deve focalizar os gêneros secundários e, por meio deles, no delineamento feito pelos docentes, os gêneros simples serão abordados, sem que se tornem o fim último do ensino, já que uma de suas características fundamentais é, como explica Volóchinov (2017 [1929]), estarem limitados e definidos, em todos os seus aspectos interiores, pelo ambiente social do qual fazem parte. O ensino de leitura e de escritura que propomos, no entanto, vislumbra o desenvolvimento do pensamento descontextualizado (Britto, 2012).

Tendo em vista a recorrente sobredimensão dada aos gêneros do cotidiano nas proposições contemporâneas para o ensino de língua, pautada, como mostramos, nos fundamentos historicistas, e estampada como indicação metodológica na Base Nacional Comum Curricular (2017), documento que materializa a lógica da racionalização dos meios no campo da educação, propomos um outro tipo de organização para o ensino da escritura. Nossa proposta, reiteramos, é a de que a ênfase da escola esteja nos gêneros complexos, tendo em vista que esses incorporam os gêneros simples, os quais não precisam (não devem) se tornar objeto de ensino, já que o caminho contrário não acontece — os gêneros do cotidiano não incorporam os elementos da complexidade dos gêneros secundários: "O acabamento do gênero [cotidiano] corresponde aqui às particularidades ocasionais e singulares das situações cotidianas" (Volóchinov, 2017 [1929], p. 222). Por já termos elaborado tal discussão (Chraim; Pedralli, 2022), tomamos isso como premissa para o que expomos no presente capítulo.

Reflexões metodológicas a partir da proposta teórico-conceitual redialetizadora: o lugar do questionário de interpretação de texto

Considerando o foco deste capítulo, desocupamo-nos de fazer elaborações em torno das bases teóricas da atividade de estudo, tomando-as assim como pressuposto. A leitura, conforme vimos expondo, é processo vital para tal atividade, porque é por meio dela que os conhecimentos das diferentes áreas são sistematicamente apreendidos pelos indivíduos em formação. Uma das premissas do materialismo histórico e dialético que fundamenta esta nossa compreensão é assim colocada por Kosik (1976 [1963], p. 226): "Conhecemos o mundo, as coisas, os processos somente na medida em que os 'criamos', isto é, na medida em que os reproduzimos espiritualmente e intelectualmente". O que, na escola, se faz com os objetos da leitura — e a partir deles — é condição, pois, para o desenvolvimento intelectual dos seres humanos que vivem neste tempo histórico.

Quando os educadores, à luz dos objetivos de ensino, selecionam os textos que serão lidos pelos estudantes, uma série de estratégias metodológicas são elencadas para que se garanta a efetiva apropriação de cada texto nas suas diversas determinações, no que se inclui o tensionamento crítico do seu conteúdo com a realidade social. Nesse sentido, entendemos que há um instrumento metodológico que, longe de se colocar como uma novidade, se constitui como um inegociável meio pelo qual os estudantes podem objetivar o movimento sempre contínuo de constituição da sua subjetividade mediante às leituras realizadas: o questionário de interpretação de textos.

Talvez soe desanimador para aqueles educadores e pesquisadores que direcionam sua atenção à proposição do "novo", numa relação pacífica com os princípios neoliberais que suportam a ideia de uma sociedade do conhecimento, em que, via lógica do consumismo, as ideias, sob a forma de produtos, são substituídas por outras — nova roupagem, apenas, é claro —, caso contrário são consideradas "ultrapassadas". Posicionando-nos criticamente também a isso, reposicionamos o questionário de interpretação de textos como um instrumento metodológico com enorme potencial para a condução do processo pedagógico que considera a leitura de textos em gêneros do discurso complexos na articulação dialética com a escritura. É evidente que não estamos considerando aqueles questionários com tonalidade cognitivista, com tarefas que demandam essencialmente a localização de informações e de referentes, por exemplo, nem mesmo perguntas que, distanciando-se do conteúdo do texto, levam a uma espécie de "treinamento" diante de conceitos gramaticais destituídos de relação com os enunciados. Um questionário sob os fundamentos filosóficos com os quais nos filiamos incorpora elementos relacionados à apropriação de aspectos da gramática da língua, bem como de tarefas de localização de informações, mas, definitivamente, os supera, porque está comprometido com a ideia de leitura como possibilidade para a objetivação da subjetividade dos indivíduos.

Dito isso, vale sublinhar que, distintamente de encaminhamentos pedagógicos em educação linguística que, por se valerem da negação do ensino descontextualizado dos aspectos gramaticais, passaram a usar textos como pretexto para o ensino desses aspectos, propomos que o texto seja, de fato, entendido como síntese das relações sociais, explorado em suas diversas dimensões. Nisso estão incluídos os estudos sistemáticos sobre aspectos propriamente gramaticais, sem os quais as aulas de Língua Portuguesa perderiam parte de sua especificidade. O estudo do gênero do discurso no qual se concretiza o texto também não pode deixar de ser considerado, a depender dos objetivos estabelecidos pelos professores.

À luz dessas proposições, insistimos, não há uma oposição à sistematização do ensino no que se refere ao que é essencial diante da estruturação dos gêneros do discurso, porque o questionário de interpretação lida também com isso, já que é instrumento metodológico que incorpora os objetivos de ensino e aprendizagem. Entretanto, ao invés de ocupar os alunos com a leitura de textos que são lidos sobretudo porque coincidem no âmbito do gênero, vislumbrando a posterior produção de texto naquele determinado gênero, o foco está em colocá-los em contato com variados gêneros do discurso secundários, e guiá-los de modo a tomarem consciência também do que é característico de cada gênero do discurso, sem descurar, contudo, jamais, do conteúdo — os conteúdos mais representativos do que há de mais elaborado nos campos de atividade humana. O objetivo deixa de ser, sob esse viés, o reconhecimento do que é estável em um gênero do discurso; da mesma forma, a seleção dos textos, por parte dos professores, deixa de ter como critério o gênero em si mesmo.

Assumindo-se, conforme já apontamos, que ser leitor de um gênero não necessariamente garante que se torne um autor desse gênero, já que, por exemplo, nem todos (aliás, poucos) os leitores de poemas são escritores de poemas, torna-se um tanto contraditório a escola partir da assunção de que, após ler textos em determinado gênero do discurso, os estudantes devem produzir o seu próprio naquele gênero. É claro que tais experimentações podem ser realizadas na esfera escolar; entretanto, parece-nos pouco factível subsidiar a avaliação da aprendizagem por meio dessa prática. Na realidade social, há exímios leitores, que podem produzir artigos de opinião de altíssima qualidade, entretanto não se arriscariam a adentrar os gêneros literários. Se a escola é uma mediação dentro da prática social, é preciso que se lide sob essa perspectiva, distanciando-se de artificializações infundadas.

O questionário de interpretação, delineando-se como um gênero do discurso próprio da esfera escolar, é, assim, um instrumento metodológico central para a leitura, essa tomada como processo específico da atividade de estudo e fundamental para a apropriação de conhecimentos e para o desenvolvimento da individualidade para si (Duarte, 2013). É fundamental para os estudantes, portanto. O questionário de perguntas, porém, como um dos gêneros a serem privilegiados — não pelo gênero em si, mas pela excelência com que se apresenta diante da relação dialética entre leitura e escritura —, é fundamental também para os docentes, já que possibilita o acompanhamento dos resultados da atividade de estudo dos alunos.

Assim, por ser a avaliação um processo contínuo e fundamental para a garantia da aprendizagem dos estudantes, o instrumento metodológico que exploramos neste capítulo serve também a isto, acompanhar o processo de apropriação dos conteúdos. Ao considerarmos que o questionário, como instrumento próprio da atividade de estudo, é um gênero do discurso que deve ser privilegiado no eixo da produção textual na sua indissociabilidade com a leitura, entendemos que esse objeto é, concomitantemente, "resultado" e "processo", uma face visível da objetivação da subjetividade, sendo essa "alimentada" a todo tempo, tornando-se, também, "resultado" e "processo", num permanente movimento de superação por incorporação.

Não podemos deixar de mencionar, além disso, que um encaminhamento de caráter teórico-metodológico tal qual esse que propomos só é possível quando posicionado diante da insistente discussão que temos realizado acerca da necessidade do tempo para estudo e planejamento que os professores devem ter na sua carga horária de trabalho. Para que se produza um questionário de interpretação de texto, é preciso, antes, que o docente não somente tenha realizado mais de uma leitura do texto, mas, sobretudo, passe a lidar com ele na relação com os objetos do conhecimento selecionados para o ensino — e isso demanda tempo. Os questionários, desse modo, devem ser produzidos pelos professores, a partir de uma filiação filosófica reconhecida, de forma que as concepções de leitura e de escritura estejam em coerência entre si e com a perspectiva de formação humana adotada.

O ensino da leitura, sob esse contexto, incidiria não apenas na ampliação das possibilidades dos estudantes de se apropriarem criticamente dos conteúdos específicos das outras áreas do conhecimento, mas, sobretudo, para aquilo que, certamente, é o maior potencial da educação escolar: garantir que os indivíduos se desenvolvam em direção a uma síntese consciente das relações sociais, o que caracteriza a individualidade para si, a partir da qual se subjetiva conscientemente a relação da vida individual com o gênero humano.

O questionário de interpretação, nesse contexto, torna-se uma espécie de síntese dos momentos elencados por Saviani (1983 [2012]) como próprios do processo pedagógico sob os princípios da pedagogia histórico-crítica. Partindo-se da prática social, sintetizada no texto, volta-se a ela após o percurso das perguntas do questionário já não mais por meio da compreensão fenomênica e sincrética do início, mas por meio de uma compreensão teórica sobre as coisas. Problematização e instrumentalização, momentos em dialética, materializam-se no processo da leitura e também na reflexão crítica sobre o texto que é seu objeto, e a catarse é condição. Tanto mais elaboradas e direcionadas forem as perguntas, tanto mais possível se torna uma expressão catártica, reconhecendo-se a catarse não como um resultado a ser alcançado ao fim, mas, pelo contrário, como um momento em dialética com os outros, de modo a criar espaço para novas problematizações e instrumentalizações, conforme sinalizam Galvão, Lavoura e Martins (2019).

Por meio das perguntas elaboradas pelos docentes, expandem-se as possibilidades da leitura por parte dos alunos. Num esforço por se reconhecer a especificidade de cada um dos processos sobre os quais nos debruçamos nesta discussão, leitura e escritura, arriscamos afirmar que a leitura se associa à teoria e a escritura à prática. E o fazemos somente para reiterar o que para nós é fundante nesta proposta de redialetização: teoria e prática não existem de outra forma a não ser por meio da sua indiscutível indissociabilidade; "A *praxis* do homem não é atividade prática contraposta à teoria; é determinação da existência humana como *elaboração* da realidade" (Kosik, 1976 [1963], p. 222).

Alguns pontos finais: o objeto da leitura

Lançando mão de uma discussão que faz emergir, primeiramente, a incontornável vinculação entre os processos de leitura e escritura na escola, buscamos trazer ao foco, neste capítulo, um instrumento metodológico já conhecido pelos docentes que ensinam linguagem, o questionário de perguntas sobre os textos lidos, reposicionando-o como parte determinante do processo de aprendizagem da leitura e do desenvolvimento da individualidade para si. O questionário, nesse sentido, é uma estratégia que tem grande potencial para promover a objetivação da subjetividade dos indivíduos em processo de formação.

Problematizando, assim, as proposições hegemônicas do campo, defendemos uma perspectiva de ensino de leitura que não descure dos princípios filosóficos que sustentam as teorizações sobre o tema; e, fundamentadas no materialismo histórico e dialético, entendemos que está subjacente, à leitura e à escritura, aquilo que caracteriza os processos de apropriação e objetivação quando se trata da constituição humana. Quando leitura e produção textual — que, sob a ótica do fenômeno, podem ser compreendidas como processos escolares em si mesmos ou como finalidades em si — são consideradas à luz da sua correlação com a maneira pela qual a humanidade se desenvolve historicamente, o potencial que carregam pela sua indissociabilidade é possível de ser reconhecido.

Diante da tarefa deste capítulo, que mantém tonalidade teórico-metodológica, a de retomar a incontornável relação entre os processos de leitura e escritura na escola, entendemos pertinente, como último movimento, sublinhar o que aparece como nuance ao longo de nossas reflexões, e que impacta diretamente na qualidade do processo pedagógico, a escolha dos textos que são objeto da leitura e, também, da escritura do questionário de perguntas.

Alguns critérios são essenciais quando os docentes se propõem a ensinar a linguagem sob uma perspectiva pedagógica crítica, a qual tem como mote a formação da consciência pelos sujeitos. Como destaque, está a análise da visão social de mundo representada pelo objeto da leitura — e com isso não estamos defendendo que textos pautados numa visão conservadora não sejam lidos, mas sim que, quando lidos, tal visão não seja naturalizada, neutralizada, mas problematizada a todo tempo. Importa, nesse sentido, que obras com visão social de mundo transformadora sejam também enfocadas, vislumbrando a provocação do pensamento, o convite a ver e sentir de outras formas a vida humana, as quais levem os indivíduos a compreender a sociedade como construção histórica passível de profundas alterações. Os critérios para a seleção dos textos se voltam, pois, para a busca de obras que possibilitem a apreensão e a compreensão crítica da realidade social.

O foco dos processos de leitura na sua estreita relação com a escritura está, portanto, em textos materializados em gêneros do discurso complexos, os quais concentram as atividades humanas produzidas historicamente, observando-se, assim, o potencial que tais textos trazem em si, quando da elaboração pedagógica, para incidir o tanto mais possível for na complexificação da subjetividade dos indivíduos, o que, quando realizado por meio de uma fundamentação histórica e dialética, culmina necessariamente na consciência da sua condição de classe.

REFERÊNCIAS

BRASIL. Ministério da Educação. Secretaria de Educação Básica. *Base Nacional Comum Curricular*. Brasília: MEC/SEB, 2017.

BRASIL. Ministério da Educação e do Desporto: Secretaria de Educação Fundamental. *Parâmetros Curriculares Nacionais*. Brasília: MEC/SEF, 1997.

BRITTO, Luiz Percival Leme. *Inquietudes e desacordos*: a leitura além do óbvio. Campinas: Mercado de Letras, 2012.

BRITTO, Luiz Percival Leme. *Contra o consenso*: cultura escrita, educação e participação. Campinas: Mercado de Letras, 2003.

CATOIA DIAS, Sabatha. *O ato de ler e a sala de aula*: concepções docentes acerca do processo de ensino e de aprendizagem de leitura/práticas de leitura. 2012. Dissertação (Mestrado em Linguística) — Programa de Pós-Graduação em Linguística, Universidade Federal de Santa Catarina, Florianópolis, 2012.

CERUTTI-RIZZATTI, Mary Elizabeth; CASSOL DAGA, Aline; CATOIA DIAS, Sabatha. Intersubjetividade e intrassubjetividade no ato de ler: a formação de leitores na Educação Básica. *Calidoscópio*, v. 12, n. 2, p. 226-238, maio/ago. 2014. Disponível em: https://revistas.unisinos.br/index.php/calidoscopio/article/view/cld.2014.122.10. Acesso em: 10 jan. 2024.

CHRAIM, Amanda Machado. A aprendizagem da língua pela intuição: uma crítica. *In*: CHRAIM, Amanda Machado; PEDRALLI, Rosângela; CATOIA DIAS, Sabatha. (org.). *O desenvolvimento da consciência na formação de professores*: enfoque no trabalho escolar com língua. Rio Grande: Editora da FURG, 2023. p. 130-145.

CHRAIM, Amanda Machado; PEDRALLI, Rosângela. Mas o que é mesmo trabalhar com oralidade?: A produção textual oral no processo de alfabetização. *In*: CHRAIM, Amanda Machado; PEDRALLI, Rosângela (org.). *Alfabetização e humanização*: a apropriação inicial da escrita sob bases histórico-culturais. Campinas: Pontes Editores, 2022. p. 265-291.

DOLZ, Joaquim; NOVERRAZ, Michèle; SCHNEUWLY, Bernard. Sequências didáticas para o oral e a escrita: apresentação de um procedimento. *In*: SCHNEUWLY, Bernard *et al*. *Gêneros orais e escritos na escola*. Campinas: Mercado de Letras, 2004. p. 81-108.

DUARTE, Newton. *A individualidade para si*: contribuição a uma teoria histórico-crítica da formação do indivíduo. 3. ed. Campinas: Autores Associados, 2013.

GALVÃO, Ana Carolina; LAVOURA, Tiago Nicola; MARTINS, Lígia Márcia. *Fundamentos da didática histórico-crítica*. Campinas: Autores Associados, 2019.

KOSIK, Karel. *Dialética do concreto*. Rio de Janeiro: Paz e Terra, 1976 [1963].

GERALDI, João Wanderley. *A aula como acontecimento*. São Carlos: Pedro & João Editores, 2010.

GERALDI, João Wanderley. *Portos de passagem*. São Paulo: Martins Fontes, 1991.

LÖWY, Michael. *As aventuras de Karl Marx contra o Barão de Münchhausen*: marxismo e o positivismo na sociologia do conhecimento. 10. ed. São Paulo: Cortez, 2013.

SAVIANI, Dermeval. *Escola e democracia*. 42. ed. Campinas: Autores Associados, 2012 [1983].

SILVA, Bárbara Farias da. *Produção textual como ponto de partida e de chegada do ensino de Língua Portuguesa*: uma análise pedagógica da proposta teórico-metodológica em Geraldi. 2020. Trabalho de Conclusão de Curso (Graduação em Letras-Português) — Centro de Comunicação e Expressão, Universidade Federal de Santa Catarina, Florianópolis, 2020.

VOLÓCHINOV, Valentin. *Marxismo e filosofia da linguagem*: problemas fundamentais do método sociológico na ciência da linguagem. São Paulo: Editora 34, 2017 [1929].

CAPÍTULO 6

O PRÓPRIO EDUCADOR TEM DE SER EDUCADO OU *A POESIA COMO FAÍSCA*: A FORMAÇÃO DOCENTE PARA O ENSINO DE LEITURA LITERÁRIA

AMANDA MACHADO CHRAIM

Num país pobre,
movido a carro de boi,
é preciso pôr o carro na frente dos bois.

[LEMINSKI, MINIFESTO 2]

Primeiras linhas: os fundamentos, sempre

Formar-se como um docente que ensina linguagem requer conhecimentos que ultrapassam em muito o domínio técnico da língua. Aliás, todos os professores, vinculados às diferentes áreas do conhecimento, encontram-se justamente aí, no necessário repertório relacionado às teorias e aos fundamentos em torno da sua profissão, a qual tem a educação humana como motivo primordial.

Ora, seria no mínimo estranho, assim, que se promovesse o exercício docente sem que se fosse garantido um rol de conhecimentos acerca: i) da constituição humana — compreendendo-se, dessa forma, quem é e como se desenvolve o indivíduo que, cedo ou tarde, esperamos, entra na escola; ii) da formação da sociedade — reconhecendo-se, pois, as determinações essenciais do modo de sociabilidade capitalista, já que, em perspectiva de adoração ou de subversão, é preciso, antes de mais nada, assumir que existe uma conformação global de produção e reprodução da vida; iii) da ciência como campo da atividade humana que, ao produzir os conhecimentos específicos que depois serão ensinados na escola, diferencia o essencial do acessório, decifra e revela os fatos da realidade (Kosik, 1976 [1963]), produzindo, desse modo, teorias que incidem direta ou indiretamente na conformação da vida, já que estão sempre filiadas a uma percepção conservadora ou transformadora do real; iv) das teorias pedagógicas, as quais determinam os diferentes modos de encaminhar o processo educativo formal, seja isso assumido explicitamente ou não.

Estando todos esses conhecimentos relacionados desde a origem, e promovendo esta discussão com base no desvelamento realizado pela abordagem marxiana da sociedade, revelam-se as razões pelas quais historicamente, e cada vez mais, conforme analisa Freitas (2012), a formação de professores vem sendo pautada majoritariamente em conhecimentos técnicos acerca dos objetos que vão ser ensinados por eles. Passa ao largo, assim, o reconhecimento de que tais objetos são parte de teorias do conhecimento que se apoiam necessariamente sobre teorias da realidade, de maneira que os objetos produzidos carregam consigo tal gênese, tal história. Como serão ensinados, pois, se revelando tal história ou se naturalizando-os, é definido pela perspectiva pedagógica que deveria ser escolhida pelos coletivos de docentes, a partir da compreensão do embate histórico entre as pedagogias hegemônicas e as pedagogias críticas (Cf. Saviani, 2012 [1983]) e das relações que elas carregam com as diferentes epistemologias.

Sendo já um consenso a assertiva de que a pedagogia das competências vem pautando hegemonicamente as proposições normativas nacionais e internacionais para a educação formal, é preciso reconhecer que a formação dos próprios professores passa a ser produto dessa lógica, na qual o foco está, como pontua Britto (2012), não no conhecimento, mas em uma capacitação genérica, de maneira a garantir que o indivíduo possa agir em conformidade com o que é determinado a ele. Se a ideologia dominante, ao longo de um processo histórico, passa a apresentar como ideal uma educação que prepare os estudantes para, sobretudo, “saber fazer", como postula a Base Nacional Comum Curricular (2017), assume-se, pois, a forma como se deseja moldar o trabalhador — e os interesses hegemônicos, afirma Freitas (2012, p. 387), [...] reduzem a educação a produzir o trabalhador que está sendo esperado na porta das empresas [...]". Eis um trecho da BNCC em que são evidenciadas as características do "funcionário do mês":

> No novo cenário mundial, reconhecer-se em seu contexto histórico e cultural, comunicar-se, ser criativo, analítico-crítico, participativo, aberto ao novo, colaborativo, resiliente, produtivo e responsável requer muito mais do que o acúmulo de informações. Requer o desenvolvimento de competências para aprender a aprender, saber lidar com a informação cada vez mais disponível, atuar com discernimento e responsabilidade nos contextos das culturas digitais, aplicar conhecimentos para resolver problemas, ter autonomia para tomar decisões, ser proativo para identificar os dados de uma situação e buscar soluções, conviver e aprender com as diferenças e as diversidades (Brasil, 2017, p. 14).

Isso tudo se conforma, é claro, no movimento de uma história social cindida em classes, em que a dos oprimidos enfrenta a sua desumanização por meio do "emprego", o qual passa a se justificar, como exaustivamente analisado nos postulados marxianos, não a partir da potência da atividade humana para o desenvolvimento pleno dos indivíduos, mas pela troca por um salário, convertendo-se em trabalho alienado. "Em estreita sintonia com essa ordem se estruturaram e se firmaram, de modo orgânico, os ideários pedagógicos que hegemonicamente nortearam, e continuam norteando, tanto a prática docente quanto (e para tanto!), a formação de professores" (Martins, 2010, p. 16). A formação inicial e continuada dos profissionais da educação, então, vem sendo cada vez mais esvaziada de sua função precípua, como analisa Martins (2010).

A formação de um intelectual, entretanto, processo pelo qual vislumbramos a conformação da profissão docente, pauta-se, nesses termos, no compromisso de garantir aos professores — por meio do pensamento descontextualizado e da suspensão da cotidianidade (Britto, 2012) — o desenvolvimento de uma perspectiva ontológica da educação, embasada na razão dialética, que, segundo Kosik (1976 [1963], p. 109), constitui-se não apenas como a capacidade de pensar e de conhecer racionalmente; a razão dialética "[...] é ao mesmo tempo o processo de formação racional da realidade e, portanto, realização da liberdade".

Entra aí, então, a possibilidade do trabalho como criação. Posto o reconhecimento de que o capitalismo rompe com esse vínculo, separando o trabalho da criação, transformando o trabalho numa "fadiga incriativa e extenuante" (Kosik, 1976 [1963], p. 123), a consciência filosófica dialética proporciona escapes, arriscamentos subversivos aos limites objetivos impostos pelo capital. No que concerne ao trabalho realizado pelos professores, isso tem reverberações profundas no desenvolvimento dos indivíduos por eles formados.

É preciso sublinhar nosso entendimento de que, ao garantir, durante a formação inicial e continuada dos professores, todo o rol de conhecimentos já listados no início deste capítulo, vislumbra-se, também e sobretudo, a formação da consciência de classe por parte dos docentes, que passam a se identificar, pois, como parte da imensa classe trabalhadora mundial, engajando-se, assim, com a luta pela libertação humana. Tal processo traz impactos imensos à elaboração didática para o ensino dos objetos do conhecimento dentro da sala de aula: recoloca-se "[...] a dimensão ontológica do trabalho educativo na condição de fundamento nuclear [...]" (Galvão; Lavoura; Martins, 2019, p. 139).

Assumimos, amparadas pela afirmação de Marx e Engels (2007 [1845-46], p. 537-538), de que "[...] o próprio educador tem de ser educado", e por Saviani (2013 [1980]), autor que compreende a educação como instrumento basilar da luta, que uma formação docente que vislumbre profissionais capazes de criar passa necessariamente pela criação, também, de uma perspectiva de futuro.

> Ora, se os currículos escolares devem estar organizados de modo a assegurar a toda a população trabalhadora o domínio crítico dos conhecimentos sistematizados como instrumentos do máximo desenvolvimento da consciência proletária, *a fortiori* os professores

deverão ser formados de modo a dominar plenamente os referidos conteúdos, de modo a atingir também o máximo desenvolvimento da consciência quanto à necessidade de se operar as transformações requeridas pela construção de uma nova forma de sociedade superadora da ordem social capitalista (Saviani, 2023, p. 20).

A luta, nesse sentido, se dá "[...] para estabelecer uma nova relação hegemônica que permita construir um novo bloco histórico sob a direção da classe fundamental dominada da sociedade capitalista — o proletariado" (Saviani, 2013 [1980], p. 3). O processo de ensinar a ler, de formar os indivíduos como leitores, traz no seu bojo, necessariamente, então, tudo o que até aqui discutimos. Não apenas porque as teorias que criam os referenciais para o ensino de leitura trazem em si uma perspectiva sobre a sociedade e a formação humana, mas principalmente porque a leitura é o processo por meio do qual todos os objetos do conhecimento — e, assim, a própria realidade — serão apreendidos. Desse modo, concordamos com Britto (2012, p. 48) quando afirma que a leitura promove uma nova forma de pertencimento ao mundo, o qual é tenso e conflituoso — ler, como atitude e não mero hábito, "[...] carrega um princípio de humanidade [...]". Ao nosso ver, explorar esse princípio até o limite, subverter esse limite, extrapolando-o, é o sentido-alvo do ensino de leitura na escola.

Aos professores de linguagem, uma tarefa imensa e potente, já que, ao formar leitores, estamos incidindo diretamente não só no conteúdo, mas também, dialeticamente, na forma do pensamento dos estudantes, possibilitando a eles que se desenvolvam para além das beiradas pseudoconcretas da vida, lançando-os ao desconhecido que é o pensamento livre.

A linguagem e a formação da consciência: *a faísca da poesia*

Tendo passado, na seção introdutória, pelas questões teórico-filosóficas mais gerais que nos interessam para este escopo, nesta seção abordamos as questões linguísticas de fundo, para, por fim, lidar com a leitura, o mais particular — tal movimento é próprio da perspectiva do materialismo histórico e dialético, que delineia a sua metodologia de modo a tomá-la não como procedimento, mas como processo intrinsecamente relacionado à concepção ontológica de ciência. Movemo-nos, assim, do geral e abstrato para o particular e concreto, entendendo não ser possível chegar à essência dos fenômenos sem que, antes e concomitantemente, a base material da comunicação humana seja analisada (Volóchinov, 2017 [1929-30]).

Em vista disso, nesta seção, ao focalizarmos os saberes específicos, os quais têm a linguagem como centro, por se tratar do ensino de leitura, fica claro, desde o princípio, que, ao lidar com uma perspectiva filosófica de linguagem que se alicerça no materialismo histórico e dialético, torna-se impossível apresentar proposições que deixem opaca a intrínseca e original relação da língua e dos enunciados com a realidade humana, marcadamente social e histórica.

> A língua não existe por si só, mas somente combinada com o organismo individual do enunciado concreto, ou seja, do discurso verbal concreto. A língua entra em contato com a comunicação apenas por meio do enunciado, tornando-se repleta de forças vivas e, portanto, real. As condições da comunicação discursiva, as suas formas e o meio de diferenciação são determinados pelas premissas socioeconômicas da época (Volóchinov, 2017 [1929-30], p. 262).

Em direta relação com tal fato, é preciso sublinhar que os professores que ensinam leitura estão a todo tempo lidando metacognitivamente com o que Volóchinov (2017 [1929-30]) chama de "o signo ideológico por excelência", a palavra. O filósofo postula, nesse sentido: "O signo não é somente uma parte da realidade, mas também reflete e refrata uma outra realidade, sendo por isso mesmo capaz de distorcê-la, ser-lhe fiel, percebê-la de um ponto de vista específico e assim por diante" (Volóchinov, 2017 [1929-30], p. 93). Uma das conclusões mais brilhantes a que esse filósofo chega, por meio da análise crítica das perspectivas linguísticas hegemônicas de seu tempo, alicerçado nos escritos marxianos, é a de que "[...] a própria consciência pode se realizar e se tornar um fato efetivo apenas encarnada em um material sígnico" (Volóchinov, 2017 [1929-30], p. 95). A consciência só passa a existir, então, quando vai sendo preenchida pelo conteúdo ideológico, e isso se efetiva por meio do processo de interação social, marcado por uma imensa complexidade. O percurso formal de educação, em nossa organização social, cumpre papel central nesse sentido, e a leitura pode ser entendida como o meio primordial a partir do qual se efetiva tal percurso.

A palavra, o verbo, torna-se o meio predominante da consciência individual, constituindo-se como "o material sígnico da vida interior" (Volóchinov, 2017 [1929-30]). Assim, a filosofia da linguagem de base marxista compreende o problema da consciência como um dos mais importantes, já que, como afirma Volóchinov (2017 [1929-30], p. 100), o "[...] papel excepcional da palavra como um meio da consciência determina o fato de que a palavra acompanha toda a criação ideológica como seu ingrediente indispensável".

Mais uma vez, destaca-se o papel que a leitura tem para a transição entre a consciência ingênua — marcada pela ultrageneralização (Heller, 2014 [1970]) — e a consciência filosófica, nos termos propostos por Saviani (2013 [1980]), a partir dos quais se reconhece a necessidade de os educadores desenvolverem um pensamento de reflexão radical, profunda e rigorosa. O que se lê, assim, é questão central não só para guiar a organização do ensino, mas também a própria formação dos professores, já que, conforme argumenta Britto (2015), "ler" é verbo transitivo e, portanto, é preciso indagar acerca de quais são os objetos da leitura. Se a palavra é o meio da consciência, é tarefa importantíssima avaliar a qualidade dessas palavras, principalmente, concernente ao que nos interessa neste capítulo, para que se definam as obras propostas à leitura dos docentes de linguagem, os quais são responsáveis por formar os leitores na escola. Estamos tratando, ao que parece, da qualidade daquilo que vai incorporar o material sígnico da vida interior.

Esses são alguns dos aspectos centrais os quais devem ser radicalmente considerados quando se trata do ensino de leitura, já que a linguagem verbal é o centro do processo educativo. Para que se ensine a ler, pois, é preciso considerar, apoiando-nos em Volóchinov (2017 [1929-30]), que

i) a ideologia não pode ser isolada da realidade material do signo; ii) o signo não pode ser isolado das formas concretas da comunicação social; iii) a comunicação não pode ser isolada de suas formas de base material. Para garantir essa compreensão dialética sobre a língua e a formação da consciência individual e social, é imprescindível uma formação docente que engaje os profissionais da educação na luta também pelo desenvolvimento do pensamento filosófico, o qual só é possível, no momento atual da história, por meio de extrapolações diante do que é imposto pela classe dominante. Essa classe que, importa sublinhar, "[...] tende a atribuir ao signo ideológico um caráter eterno e superior à luta de classes [...]" (Volóchinov, 2017 [1929-30], p. 113).

No âmbito da formação de professores, interessa-nos considerar que, como a palavra se tornou o material sígnico da vida interior, sendo a consciência, portanto, verbal, é preciso considerar que a atividade de estudo — percurso que necessariamente impacta o delineamento da consciência humana — tem um lugar central para a formação continuada docente. Alinhadas a Davydov (1988), ainda que esse autor esteja se referindo às crianças e à atividade de estudo como a sua atividade principal durante o período escolar, entendemos que, mesmo quando a atividade laboral se torna a principal, no caso dos professores, a atividade de estudo plena pode constituir a base do seu desenvolvimento potencialmente omnilateral. "A atividade de estudo [...] consiste em uma das vias de realização da unidade do histórico e do lógico no desenvolvimento da cultura humana" (Davydov, 1988, p. 166). Dessa forma, vão se adensando e complexificando, sempre mais, pela via do conhecimento, a consciência e o pensamento teórico.

A atividade de estudo, que é o centro do processo da formação inicial dos professores, passa a ser atividade secundária quando da entrada desses profissionais no mercado de trabalho, considerando-se que a maior parte do seu tempo está investida em exercer a profissão docente, que tem o ensino como atividade principal. O que importa explicitar, diante de tal contexto, é que a atividade principal dos professores fica comprometida quando a atividade secundária, o estudo, perde espaço ou deixa de existir, já que essa "retroalimenta" intensamente a atividade de ensino.

Ao assumirmos a indissociabilidade entre teoria e prática, mostra-se impossível, também, dissociar o ensino do estudo.

O que se tem observado, no entanto, conforme já expusemos na discussão introdutória deste capítulo, é que cada vez mais os professores têm sido responsabilizados por demandas técnicas neste mundo do trabalho dividido em incontáveis operações independentes (Kosik, 1976 [1963]). O mundo é entendido, assim, conforme Kosik (1976 [1963], p. 74) discute, como já pronto, "[...] onde o movimento social do indivíduo se desenvolve como empreendimento, ocupação, onipresença, enleamento — em uma palavra, como 'preocupação'". O preocupar-se, para o autor em menção, é justamente o aspecto fenomênico alienado da *práxis*, em que o mundo não se manifesta para o indivíduo como realidade criada pelos seres humanos, mas como um mundo já pronto e impenetrável.

No que concerne à atividade dos professores de linguagem, que têm mais diretamente a responsabilidade de formar leitores, também a língua passa a ser observada sob os reflexos desse paradigma, mas isso acontece justamente porque a perspectiva sobre a realidade é estática, reduzindo-se a relação do ser humano com a natureza à relação de produtor com o material a elaborar, o que, segundo Kosik (1976 [1963], p. 77-78), empobrece infinitamente a vida dos indivíduos — arranca-se, pela raiz, "[...] o lado estético da vida humana, da relação humana com o mundo [...]" e, sobretudo, isso leva à "[...] perda do sentimento de que o homem é parte de um grande todo, comparando-se ao qual ele se pode dar conta da sua pequenez e da sua grandeza".

A atividade de estudo, parece-nos, tem um importante potencial de causar o estranhamento diante desse cenário, de modo a possibilitar aos profissionais da educação que se desloquem — desloquem o seu pensamento, em um movimento que vai do abstrato ao concreto — da práxis da manipulação (labuta) para a práxis dialética, distanciando-se, pois, ainda que nos limites da organização social capitalista, do caráter coisificado da práxis, que, "[...] expresso pelo termo preocupar-se, significa que na manipulação já não se trata mais da obra que se cria, mas do fato de que o homem é absorvido pelo mero ocupar-se e 'não pensa' na obra" (Kosik, 1976 [1963], p. 74).

E isso, certamente, como temos afirmado, não é mera escolha desses indivíduos, que, pertencentes à classe trabalhadora, dependem do seu salário para a sua sobrevivência — a conformação do mercado de trabalho, seja no setor público ou privado, tem levado essa profissão a se afastar por inteiro do que entendemos estar na sua origem, o exercício de um trabalho intelectual. E, escreve Kosik (1976 [1963]), "O ditado popular — o homem se acostuma até com a forca — significa que o homem cria para si um ritmo de vida até no ambiente menos habitual, menos natural e humano [...]". Se a educação formal tem se concretizado por meio da perspectiva hegemônica pautada na adaptação, é assim que tem se delineado a formação docente inicial e continuada. Reconhecer isso, entretanto, longe de nos estabilizar em um lugar de propostas para reformar um ou outro aspecto, convoca-nos à crítica radical acerca da maneira como a profissão docente tem se constituído, propondo, então, uma conformação outra, a partir da qual os professores e as professoras participem de um processo de formação voltado para a educação de intelectuais, os quais têm a necessidade original de tempo para estudo. A luta pelo tempo. Nas palavras de Martins (2010, p. 20), urge a proposição de um outro modelo de formação, que promova a crítica à realidade fetichizada, colocando-se a serviço do desvelamento da prática social — "Que supere, em definitivo, os princípios que na atualidade têm norteado a formação escolar, em especial a formação de professores".

O tempo para estudo e o tempo para planejamento formam um par que, quando dissociado, mecaniciza o processo educativo, de modo a fazer dele um processo pautado nos preceitos do cotidiano, onde "[...] a atividade e o modo de viver se *transformam* em um instintivo, subconsciente e inconsciente, irrefletido *mecanismo* de ação e de vida" (Kosik, 1976 [1963], p. 80). Tal tempo é inegociável, portanto. Aos professores deve ser garantido o tempo para o estudo dos fundamentos pedagógicos, na sua relação com as concepções de mundo e de desenvolvimento humano, e para o estudo das teorias que produzem os conhecimentos a serem ensinados em sala de aula. No que concerne especificamente aos docentes de linguagem — ainda que devamos estender isso a todos os seres humanos, por se tratar de direito vital —, assinalamos um aspecto outro: o tempo para a leitura descomprometida de textos literários. Não somente porque a literatura é um eixo central na disciplina de Língua Portuguesa, mas, sobretudo, porque é pela via da leitura de literatura que entendemos ser possível a construção de brechas diante do paradigma da preocupação, fetiche puro, para que seja observada a autêntica existência, a autêntica natureza do tempo humano (Kosik, 1976 [1963]).

A peregrinação dos docentes por meio da leitura literária

Reconhecer as constrições do trabalho dos educadores é, necessariamente, posicionar-se diante delas, no sentido de aceitá-las como condição definitiva ou de explorar as possibilidades de uma conformação outra — alinhar-se à dialética marxista é vislumbrar futuros distintos desse que vem sendo determinado pelo capital, e nisso estão incluídas todas as esferas sociais, em relação. No que se refere à formação de professores e ao trabalho empreendido no campo da educação, é inconteste a importância de descobrir e apontar caminhos alternativos, diversos desse que apaga a insubstituível necessidade de tempo para planejar e, sobretudo, para um pensar descomprometido, livre.

Defendemos, conforme já exposto, que os educadores, dada as características do seu trabalho, são intelectuais os quais têm diante de si a indiscutível responsabilidade de transmitir a cultura humana e, assim, incidir na humanização dos indivíduos. Como intelectuais, mais do que um 'direito à literatura', os professores de linguagem, os quais lidam com o texto literário como objeto de ensino — e nossa defesa é a de que a literatura deve ser o eixo a partir do qual se ensina a leitura na escola —, têm como uma de suas principais tarefas o contato constante com obras que, por meio da língua verbal escrita, trazem condensadas em si a história humana. A leitura do texto literário como peregrinação, pois.

> O sujeito [...] deve andar em peregrinação pelo mundo e conhecer o mundo para conhecer a si mesmo. [...] Todavia o sujeito que retorna a si mesmo depois de ter andado em peregrinação pelo mundo é diferente do sujeito que empreendera a peregrinação. O mundo

percorrido pelo sujeito é diferente, é um mundo mudado, pois a simples peregrinação do sujeito pelo mundo modificou o próprio mundo, nele deixou as suas marcas (Kosik, 1976 [1963], p. 183).

Isso porque, conforme discute Eagleton (1976), a compreensão da literatura implica compreender, necessariamente, a totalidade do processo do qual ela faz parte. Os produtos da literatura, segundo esse autor, não são misteriosamente inspirados ou explicados em termos de psicologia de um indivíduo autor, mas são formas de percepção, formas particulares de enxergar o mundo, e eles mantêm relação com a forma dominante pela qual se explica a realidade — seja essa relação de naturalização ou de crítica radical. Como afirma Vigotski (1999 [1925]), "Se um poema que trata da tristeza não tivesse nenhum outro fim senão contagiar-nos com a tristeza do autor, isto seria muito triste para a arte".

A arte literária contribui para o processo de desnaturalização do real, para o estranhamento da vida, em um tensionamento com aquilo que foi automatizado socialmente, e tais aspectos conformam o sentido educativo da arte (Vigotski, 1999 [1925]). Nesse sentido, contribui para a significação de um projeto de futuro, "[...] uma orientação para o futuro, uma exigência que talvez nunca venha a concretizar-se, mas que nos leva a aspirar acima da nossa vida o que está por detrás dela" (Vigotski, 1999 [1925], p. 320). Há certas ideias e valores pelos quais os seres humanos experenciam a sociedade ao longo da história que estão disponíveis para nós apenas na literatura, como assinala Eagleton (1976). Segundo Kosik (1976 [1963], p. 128), por meio de um duplo caráter em unidade indissolúvel, toda obra de arte é não só expressão da realidade, mas também criação da realidade, e essa realidade "[...] não existe fora da obra ou antes da obra, mas precisamente apenas na obra".

Pela vinculação original entre literatura e ideologia, dessa forma, assume-se, apoiando-nos em Eagleton (1976), que, também como uma espécie de ferramenta, a obra literária pode contribuir para o reconhecimento de perspectivas que levam a compreensões mais profundas sobre o passado e o presente — e, conforme sublinha o autor em menção, tal entendimento contribui para nossa liberdade, a qual, pela lógica do materialismo histórico e dialético, só é possível na sua radicalidade quando outro modo de produção da vida humana for construído a partir das ruínas do capitalismo moedor de gente. Importa sublinhar, no entanto, que assumimos, a partir do pensamento crítico de Leminski (2014 [1986]), que a obra literária que rompe com a lógica utilitária e pragmática é aquela que se desprende de uma moral a ser transmitida, ainda que tal moral seja carregada de princípios socialistas. A arte só tem razão de ser, conforme o pensador em menção, como inutensílio.

O tempo para a leitura nesses termos possibilita aos docentes uma peregrinação pela concretude da realidade humana, e sem atribuir superpoderes para a leitura da obra em si mesma, entendemos a sua potência de contribuição para a subversão de pensamento emparedado. Isso, entre todas as razões aqui discutidas, se dá também porque a obra literária traz consigo a contradição, essa categoria original da realidade humana. Vigotski (1999 [1925], p. 199), sob a perspectiva da psicologia da arte, analisa que a estética tradicional, durante séculos, afirmou a harmonia entre forma e conteúdo, como se a forma ilustrasse o conteúdo, completando-o, acompanhando-o, mas descobriu-se que "[...] isto é o maior dos equívocos, que a forma combate o conteúdo, luta com ele, supera-o, e que nessa contradição dialética entre conteúdo e forma parece resumir-se o verdadeiro sentimento psicológico da nossa reação estética".

A destruição do conteúdo pela forma é o princípio fundamental da lei estética sob a ótica vigotskiana: toda obra traz em si uma divergência entre conteúdo e forma, e é através da forma que o indivíduo que cria o texto consegue esse efeito de destruir ou apagar o conteúdo. Poderíamos talvez afirmar que esse é o fundamento da arte que teima em não virar mercadoria, assumindo a tensão ética original da arte na lama capitalista: "Transformada em mercadoria, a obra de arte é transformada em nada" (Leminski, 2014 [1986], p. 26).

E é justamente nesta oposição entre conteúdo e forma, como posto, que está o fundamento da catarse da reação estética: ao suscitar emoções voltadas para sentidos opostos, "[...] só pelo princípio da antítese retém a expressão motora das emoções e, ao pôr em choque impulsos contrários, destrói as emoções do conteúdo, as emoções da forma, acarretando a explosão e a descarga da energia nervosa" (Vigotski, 1999 [1925], p. 272).

Arriscamos uma relação, aqui, com o que escreve Antelo sobre o processo e os efeitos do estudo, o que assemelhamos, para os fins de nossa discussão, com a leitura de obras literárias que levam ao limite a contradição entre conteúdo e forma:

> Estudo e espanto (*studiare* e *stupire*) são, pois, aparentados neste sentido: aquele que estuda encontra-se no estado de quem recebeu um choque e fica estupefacto diante daquilo que o tocou, incapaz, tanto de levar as coisas até o fim como de se libertar delas. Aquele que estuda fica, portanto, sempre um pouco estúpido, atarantado. Mas, se por um lado, ele fica assim perplexo e absorto, se o estudo é essencialmente sofrimento e paixão, por outro lado, a herança messiânica que ele traz consigo incita-o incessantemente a prosseguir e concluir.

É como "autocombustão" que Vigotski (1999 [1925]) define a transformação das emoções possibilitada pela leitura da obra literária, uma reação explosiva que leva à descarga das emoções suscitadas — a catarse, enfim.

Cada leitura, assim, uma peregrinação, na sua totalidade, intrínseca e originalmente relacionada à totalidade da vida, a peregrinação total. Retomando, dessa forma, Kosik (1976 [1963]), poderíamos compreender a necessidade de tempo, por parte dos docentes, para a leitura descomprometida — "descomprometida" no sentido de não ser realizada para cumprir uma demanda pragmática —, para a peregrinação pelo mundo, pois só assim pode conhecer a si mesmo, um sujeito já diverso daquele que iniciou o percurso, assim como o próprio mundo, que é alterado através das marcas deixadas por tal andança.

Tem-se, então, as possibilidades de socialização desse trilhar, sem começo nem fim, por meio da atividade principal desses profissionais, o ensino, e "Ensinar é remover o limite" (Antelo, 2017, p. 183). Distanciando-nos, desse modo, de uma concepção "edificante" de ensino de literatura, seja pela via da moral e dos bons costumes ou pela via socialista, ensaiamos a proposta de um ensino de literatura, apoiadas em Cechinel (2017, p. 188), a partir de uma via negativa, a qual reconhece o impulso destrutivo da literatura, o esvaziamento provocado por meio de sua linguagem intransitiva, "[...] o efeito desregulador, a capacidade de colocar em crise, de desestabilizar, de abrir espaços, de comprometer os sentidos anteriores ao momento da leitura, sem a obrigação de preencher nada no lugar".

E para que os professores de linguagem ensinem a leitura literária sob esse viés, é preciso, necessariamente, que sejam formados nessa direção e que, reiteramos, tenham tempo para estudo e leitura, encharcando-se daquilo que se torna objeto do seu trabalho docente. Que possam ser formados, pois, em textos literários que se distanciem daqueles que Lima (2021, p. 11) descreve como "[...] textos insossos colados à máquina de filmar do real sem nenhuma reinvenção, apenas o possível [...]", e possam, então, deitar-se em "[...] textos prenhes de alucinações deliberadas para uma política com o impossível [...]", os quais radicalizam o que este autor registra como a tarefa do poema: "[...] esta ínfima tarefa política do poema é uma ferida que se abre e se lacera numa ética insensata para a anulação de todo EU [...]". Tal anulação torna-se possível por meio da catarse, processo que, de acordo com Heller (2014 [1970]), é o cume da elevação acima da cotidianidade pragmatista. É pela catarse, defende essa autora, que os indivíduos se tornam conscientes do humano-genérico da sua individualidade — arriscamos, assim: a anulação do sujeito empírico em direção ao sujeito concreto, quando, no choque catártico provocado pelo conjunto de leituras literárias, esse se observa radicalmente ligado ao sujeito coletivo.

É para esse caminho de peregrinação que entendemos ser preciso convidar os docentes desde a sua formação inicial, agudizando os sentidos disso ao longo da formação continuada, e, como condição para que tal convite faça sentido, é preciso que haja uma luta constante em nome da ampliação das horas de planejamento e da redução da carga horária dos profissionais da educação. Para que a escola possa se comprometer com o ensino de leitura de textos literários elaborados, que sintetizam a experiência humana, é preciso, antes e sempre, trazer ao centro a necessidade de tempo de estudo para os professores e professoras responsáveis por essa tarefa. O tempo de leitura, seguido do tempo para a autocombustão, para a reação explosiva. Resistindo ao traço do trabalhador-mercadoria, assim como resiste a palavra, que, como assinala Leminski (2014 [1986], p. 28), é essencialmente política: "Portanto, ética. Daí, talvez, a dificuldade de transformar a literatura, a poesia, em mercadoria".

Últimas linhas: *alumbramento*, o princípio do prazer

Considerando a trajetória ensaística por nós delineada neste capítulo, retomamos algumas das premissas centrais de nossa exposição; mais do que fazer uma síntese, buscamos a reiteração dessas premissas com a finalidade de fundamentar as proposições que ensaiamos: a primeira delas é a evidente constrição a que estão submetidos os profissionais da educação no momento de sua formação inicial e continuada, dada a hegemonia das concepções pedagógicas produtivistas, as quais direcionam, explicitamente ou não, o percurso formativo dentro das universidades e dos cursos de formação continuada para professores já inseridos no mercado de trabalho. Na base dessas perspectivas, dá-se importância sobretudo a uma capacitação mais genérica, esvaindo-se do processo o necessário robustecimento do pensamento filosófico.

Outra premissa que nos é determinante é a de que, dado tal contexto, é preciso que a crítica radical se estabeleça, promovendo-se outros contornos para a formação de professores, em meio aos quais o estudo é atividade irrevogável. No que compete especificamente aos docentes de linguagem, coloca-se, ainda, nesse tempo que deve ser criado para o estudo, a imersão na leitura de textos literários: "Se nosso negócio é palavra, é nesse mar que a gente tem que entrar" (Leminski, 2014 [1986], p. 37). Para que, conforme defendemos, a literatura na escola não sirva a um ideal pragmático, ficando ela mesma subserviente à lógica do "ler (qualquer coisa) para fazer", é preciso, antes, que os professores tenham experenciado radicalmente tal possibilidade, percurso para o qual o tempo é preciso.

Leminski (2014 [1986], p. 47) lembra que a burguesia criou um universo em que todo gesto tem de ser útil, justamente por ser o lucro o núcleo da organização desta sociedade: "E o princípio da utilidade corrompe todos os setores da vida, nos fazendo crer que a própria vida tem que dar lucro". Mas são justamente as coisas que não precisam de justificação e nem de justificativa, prossegue o pensador, que são a própria finalidade da vida. A poesia, por exemplo: "[...] o princípio do prazer no uso da linguagem" (Leminski, 2014 [1986], p. 47).

É no tempo para o estudo ou no tempo para a leitura descomprometida que estamos localizando esse espaço de prazer, indiscutivelmente necessário se desejamos que os docentes de Língua Portuguesa aprendam e também ensinem aos estudantes sobre a potência que tem o prazer livre diante das constrições da sociedade de classes.

Para que, por meio também do tempo de estudo e da leitura descomprometida, os profissionais da educação possam descobrir a verdade da cotidianidade alienada, que se reflete na consciência ou como posição acrítica ou como sentimento do absurdo, como propõe Kosik (1976 [1963]), é necessário que se desliguem dessa cotidianidade, que a liberem da familiaridade, exercendo sobre ela, assim, uma "violência". Eis a força da poesia: um de seus princípios fundamentais, assim como da arte de modo geral, de acordo com o autor, é a violência que ela exerce sobre a cotidianidade, a destruição da pseudoconcreticidade.

A arte, pois, é a chance que os seres humanos têm "[...] de vivenciar a experiência de um mundo da liberdade, além da necessidade" (Leminski, 2014 [1986], p. 48). Exercendo uma violência sobre a realidade opressora e desumanizadora, a leitura da poesia, em seu cume catártico, promove o prazer por meio da experiência histórica condensada, prazer que carrega em si, desde a origem, um princípio humanizador. O texto literário, como inutensílio, e a sua leitura, se supõem irresponsáveis, afirma Britto (2015, p. 57), mas não no sentido de esquecimento de si e das questões da realidade para que elas possam ser vividas numa dimensão naturalizante, mas justamente para que se possa pensar para nada, derrubando-se as agonias pragmatistas, "[...] pensar para ser, ler para ser, inventar para viver, ler para inventar, num movimento contínuo, sempre a estimular e a incomodar".

Em análise da poética de Ana Cristina Cesar, é bonito o que escrutina Bosi (2013, p. 431) acerca de uma "Aspiração de coincidir com o momento matriz, em que o sujeito anula todo o intervalo temporal, especial, linguístico, e vive só de alumbramento". Tal substantivo masculino, de acordo com o dicionário[1], é o ato ou efeito de "alumbrar", verbo transitivo que, por sua vez, tem como primeira definição "dar luz a", "iluminar". Além disso, é interessante o que aponta Pessôa (2018, p. 94-95) acerca desse

1 Disponível em: https://dicionario.priberam.org/alumbramento. Acesso em: 30 set. 2023.

verbo na língua espanhola: "Um dos significados do verbo espanhol alumbrar é parir. O ato de dar à luz. O termo alumbramiento evoca a imagem do parto, o surgimento de uma vida, de alguém, ou, num sentido figurado, o aparecimento de algo". O surgimento de um espaço, potência criadora, elo entre catarse e liberdade. É aí que entendemos possível instrumentalizar os professores de linguagem, sobretudo naqueles que são os conhecimentos específicos da área, para que ensinem a leitura de textos literários.

Fizemos já a breve indicação, ao longo do capítulo, de que defendemos a literatura como eixo para o ensino de leitura, e a esta altura parece já uma obviedade a explicação de tal posicionamento, considerada a literatura como parte da esfera artística, a qual condensa a história e a experiência humana em uma elaboração que pode extrapolar radicalmente o pragmatismo e a percepção naturalizante da realidade que extirpa dos indivíduos o acesso ao prazer, o qual não coincide com entretenimento. No texto literário, leva-se até o limite aquilo que é próprio do signo verbal: "A palavra é o esqueleto que se enche de carne viva somente no processo da percepção criativa e, por consequência, somente do processo da comunicação social viva" (Volochínov, 2013 [1926], p. 91).

O contato sempre mais complexo com as obras literárias, pois, abre espaço, por meio da sua leitura descomprometida e da atividade de estudo, para que se concretize a unidade indissolúvel das duas funções essenciais da consciência: "[...] a consciência humana é ao mesmo tempo registradora e projetadora, verificadora e planificadora: é simultaneamente reflexo e projeto" (Kosik 1976 [1963], p. 128). Tempo para ler, estudar e planejar: isso possibilita aos docentes a independência para a criação de um caminho autoral, independente de manuais de leitura, já que terão, assim, instrumentos para delinear o percurso de ensino, visando a garantia da aprendizagem dos estudantes. Distanciam-se, assim, também da vulgarização e da simplificação do texto literário na escola, processo ainda comumente referendado, quando, por exemplo os livros didáticos trazem versões adaptadas de obras ou a "explicação" da obra, sem que o texto original seja o foco. Isso já é, importa assinalar, uma determinada interpretação do texto, conforme discute Kosik (1976 [1963]). E a depender do que se faça, afirma o autor, é nem mesmo interpretação, mas alteração do texto, obscurecendo o seu sentido.

A terceira e última premissa com a qual lidamos ao longo de nossa exposição é, certamente, esta a que damos grande espaço neste encerramento, a necessidade de, garantindo o tempo que isso requer, promover o convite permanente aos professores e às professoras para que ocupem os espaços de prazer, marcados pela resistência à lógica da mercadoria. Tal processo, assinalamos, não tem como resultado um prazer imediato e efêmero, marcas do entretenimento, mas sim o prazer do alumbramento, que numa ótica dialética, carrega em si também as dores do nascer e, em consequência, do existir.

Ao recolocar os docentes no seu lugar de intelectuais, em relação aos quais a elaboração de um trabalho somente acontece por meio da assunção da categoria da *práxis*, que identifica a consciência humana como, ao mesmo tempo, reflexo e projeto (Kosik, 1976 [1963]), exacerba-se, finalmente, as possibilidades de seu desenvolvimento como pensadores livres. Tal liberdade, reconhecidamente constringida pela realidade histórica, se dá na medida em que a consciência filosófica se sobrepõe à consciência ingênua, e a partir disso vão surgindo outras camadas para a interpretação da realidade, e o que antes era observado pela via do fenômeno, passa a ser analisado à luz de categorias dialéticas. É dessa liberdade de pensamento que tratamos, e é em vistas dela que propomos uma formação docente inicial e continuada nesses moldes. A leitura e o estudo de textos literários que sintetizam em si a contradição entre conteúdo e forma, desestabilizando a normalidade e o já esperado, é parte fundamental desse percurso. Sem trazer isso para a cena, parece-nos que fica cada vez mais longínquo o atendimento às necessidades que localizamos no âmbito da formação dos estudantes nas escolas públicas mundo afora.

Sendo o objetivo primordial da educação a socialização da cultura humana, para que os indivíduos possam peregrinar conscientemente por ela, é indiscutível que os professores tenham, antes, realizado suas próprias peregrinações, encontrando e perdendo, a todo tempo, em agonia e prazer, o seu espaço de sujeito coletivo. Os intervalos de alumbramento num mundo de pouca esperança têm o potencial de promover os sujeitos à rebeldia, e talvez seja por isso que, como afirma Leminski (2014 [1986], p. 47), "[...] os poderes deste mundo não suportam o prazer".

ANTELO, Raul. Ensinar: verbo intransitivo. *In*: CECHINEL, André; SALES, Cristiano de (org.). *O que significa ensinar literatura?*. Florianópolis: EdUFSC; Criciúma: Ediunesc, 2017. p. 171-184.

BOSI, Viviana. À mercê do impossível. *In*: CESAR, Ana Cristina. *Poética*. São Paulo: Companhia das Letras, 2013. p. 425-431.

BRASIL. Ministério da Educação. Secretaria de Educação Básica. *Base Nacional Comum Curricular*. Brasília: MEC/SEB, 2017.

BRITTO, Luiz Percival Leme. *Ao revés do avesso*: leitura e formação. São Paulo: Pulo do Gato, 2015.

BRITTO, Luiz Percival Leme. *Inquietudes e desacordos*: a leitura além do óbvio. Campinas: Mercado de Letras, 2012.

CECHINEL, André. O caráter destrutivo da literatura. *In*: CECHINEL, André; SALES, Cristiano de (org.). *O que significa ensinar literatura?*. Florianópolis: EdUFSC; Criciúma: Ediunesc, 2017. p. 185-206.

DAVYDOV, Vasili. Problemas do ensino desenvolvimental — a experiência da pesquisa teórica e experimental na psicologia. Tradução de José Carlos Libâneo e Raquel A. M. da Madeira Freitas. *Revista Soviet Education*, New York, v. 30, n. 8, 1988.

EAGLETON, Terry. *Marxism and literary criticism*. California: University of California Press, 1976.

FREITAS, Luiz Carlos de. Os reformadores empresariais da educação: da desmoralização do magistério à destruição do sistema público de educação. *Educ. Soc.*, Campinas, v. 33, n. 119, p. 379-404, abr./jun. 2012. Disponível em: https://www.scielo.br/j/es/a/PMP4Lw4BRRX4k8q9W7xKxVy/?format=pdf&lang=pt. Acesso em: 8 jan. 2024.

GALVÃO, Ana Carolina; LAVOURA, Tiago Nicola; MARTINS, Lígia Márcia. *Fundamentos da didática histórico-crítica*. Campinas: Autores Associados, 2019.

HELLER, Agnes. O *cotidiano e a história*. 10. ed. São Paulo: Paz e Terra, 2014 [1970].

KOSIK, Karel. *Dialética do concreto*. Rio de Janeiro: Paz e Terra, 1976 [1963].

LEMINSKI, Paulo. *Ensaios e anseios crípticos*. Curitiba: Inventa, 2014 [1986].

LIMA, Manoel Ricardo de. Cada vez más lejos de nosotros. *In*: PORRUÁ, Ana. *Formigas & samurais*. Rio de Janeiro: Mórula, 2021. p. 6-11.

MARTINS, Lígia Márcia. O legado do século XX para a formação de professores. *In*: MARTINS, Lígia Márcia; DUARTE, Newton (org.). *Formação de professores*: limites contemporâneos e alternativas necessárias. São Paulo: Cultura Acadêmica, 2010. p. 13-31.

MARX, Karl; ENGELS, Friedrich. *A ideologia alemã*. São Paulo: Boitempo, 2007 [1845-6].

PESSÔA, André Vinícius. As imagens do "Alumbramento" de Manuel Bandeira. *Signótica*, Goiânia, v. 30, n. 1, p. 93-114, jan./mar. 2018. Disponível em: https://revistas.ufg.br/sig/article/view/47431/25101. Acesso em: 8 jan. 2024.

SAVIANI, Dermeval. *Escola e democracia*. 42. ed. Campinas: Autores Associados, 2012 [1983].

SAVIANI, Dermeval. *Educação:* do senso comum à consciência filosófica. 19. ed. Campinas: Autores Associados, 2013 [1980].

SAVIANI, Dermeval. O papel da educação no desenvolvimento da consciência em direção ao limite máximo de suas possibilidades. *In*: CHRAIM, Amanda Machado; PEDRALLI, Rosângela; CATOIA DIAS, Sabatha (org.). *O desenvolvimento da consciência na formação de professores*: enfoque no trabalho escolar com língua. Rio Grande: Ed. da FURG, 2023.

VIGOTSKI, Lev Semenovitch. *Psicologia da arte*. São Paulo: Martins Fontes, 1999 [1925].

VOLOCHÍNOV, Valentin. A palavra na vida e a palavra na poesia: introdução ao problema da poética sociológica. *In*: VOLOCHÍNOV, Valentin. *A construção da enunciação e outros ensaios*. São Carlos: Pedro & João Editores, 2013 [1926]. p. 71-100.

VOLÓCHINOV, Valentin. *Marxismo e filosofia da linguagem*: problemas fundamentais do método sociológico na ciência da linguagem. São Paulo: Editora 34, 2017 [1929-30].

CAPÍTULO 7

RELAÇÕES ENTRE CONHECIMENTO OBJETIVO E VALORES MORAIS NA EDUCAÇÃO E NA OBRA LITERÁRIA[1]

NEWTON DUARTE

Objetividade e posicionamento ético e político na educação

É bem conhecido o fato de que a Base Nacional Comum Curricular se fundamenta na pedagogia das competências. Menos divulgado, porém, é o fato de que a adoção dessa pedagogia carrega consigo uma concepção epistemológica na qual é descartada a objetividade do conhecimento, em prol de uma perspectiva pragmática e experiencial. Como nos explica Marise Nogueira Ramos (2009, s.p.), para a pedagogia das competências:

> O processo de construção do conhecimento pelo indivíduo, por sua vez, seria o próprio processo de adaptação ao meio material e social. Nesses termos, o conhecimento não resultaria de um esforço social e historicamente determinado de compreensão da realidade para, então, transformá-la, mas sim, das percepções e concepções subjetivas que os indivíduos extraem do seu mundo

1 Este capítulo é parte de um conjunto de estudos e análises teóricas que venho desenvolvendo há algum tempo e mais intensivamente em minha pesquisa atual, apoiada pelo CNPq, com bolsa de produtividade em pesquisa para o período de março de 2023 a fevereiro de 2027, intitulada "Conhecimento objetivo, valoração ético-política e desenvolvimento do indivíduo nas concepções de currículo da pedagogia histórico-crítica e da teoria do conhecimento poderoso" (Processo nº 303006/2022-6).

> experiencial. O conhecimento ficaria limitado aos modelos viáveis de interação com o meio material e social, não tendo qualquer pretensão de ser reconhecido como representação da realidade objetiva ou como verdadeiro. A validade do conhecimento assim compreendido é julgada, portanto, por sua viabilidade ou por sua utilidade. Predomina, então, uma conotação utilitária e pragmática do conhecimento. Sua viabilidade e sua utilidade, muito além de serem consideradas históricas, são tidas como contingentes. Ou seja, não existe qualquer critério de objetividade, de totalidade ou de universalidade para julgar se um conhecimento ou um modelo representacional é válido, viável ou útil.

Nesse contexto, para os leitores que não estejam familiarizados com minhas ideias, é necessário explicitar, já de início, que adoto uma concepção totalmente oposta à da pedagogia das competências, da mesma forma que trabalho com uma visão de conhecimento oposta à adotada pela BNCC. Adoto uma teoria epistemológica e ontológica que se opõe a muitas concepções filosóficas, sociológicas, psicológicas e pedagógicas que negam a objetividade do conhecimento. Discordo também de concepções que admitem a objetividade, mas consideram ser a neutralidade axiológica uma condição necessária para se alcançar o conhecimento objetivo. Minha referência educacional é a da pedagogia histórico-crítica e, no campo político e filosófico, é o materialismo histórico-dialético de Karl Marx, Friedrich Engels, Vladimir Lênin, Antonio Gramsci, György Lukács, Agnes Heller, Karel Kosik, entre outros. Ter uma referência pedagógica e político-filosófica não significa, contudo, como alguns poderiam concluir de maneira apressada e superficial, assumir uma posição dogmática e ignorar avanços e contribuições oriundos de outras perspectivas. E, mesmo no caso daquelas teorias fundamentalmente discordantes da pedagogia histórico-crítica e do materialismo histórico-dialético, as objeções precisam ser pautadas em estudos aprofundados e rigorosos dos argumentos de seus proponentes.

Tendo explicitado que adoto uma concepção de conhecimento divergente daquela que fundamenta a pedagogia das competências e a Base Nacional Comum Curricular, a primeira pergunta a ser feita é: pode a humanidade conhecer objetivamente a realidade? A resposta que dou a essa questão, a partir dos estudos que venho realizando desde a década de 1980, é a de que sim, a humanidade, ao longo da história, tem avançado no conhecimento objetivo da realidade social e natural. Isso, porém, não implica desconsiderar que as teorias são falíveis, incompletas, criticáveis e superáveis, isto é, os conhecimentos fazem parte do movimento histórico da prática social humana em sua totalidade. A asserção de que há progresso na história do conhecimento não implica a desconsideração de que existem lutas entre concepções opostas, avanços e retrocessos, conquistas e perdas, saltos de desenvolvimento e estancamentos, verdades misturadas a ilusões e engodos, ampliação e redução das visões de mundo, aprofundamento e superficialidade, estruturação e desestruturação etc.

A segunda pergunta é: admitida a possibilidade de objetividade do conhecimento da realidade natural e social, essa objetividade seria independente do posicionamento ético e político das pessoas e dos grupos sociais que produzem e difundem os conhecimentos? Minha resposta é não, a objetividade não é independente do posicionamento ético e político. A realidade é movimento, o que significa que o "ser" está sempre num processo de "vir a ser" algo diferente do que ele é num determinado momento. O conhecimento das possibilidades do "vir a ser" carrega em si, potencialmente, posicionamentos sobre quais dessas possibilidades são desejáveis e quais não são. Entretanto, quanto mais complexo for o objeto do conhecimento, mais complexas e indiretas serão as relações entre o conhecimento do ser (em seu "vir a ser") e os posicionamentos éticos e políticos sobre esse vir a ser.

Objetividade e posicionamento ético na obra literária: o exemplo de *Ilusões Perdidas*

Para este capítulo, escolhi abordar o tema das relações entre objetividade e posicionamento ético a partir do romance de Honoré de Balzac intitulado "Ilusões Perdidas". Antes, porém, de avançar nessa análise, é necessário um comentário sobre um aspecto conceitual.

Entendo por posicionamento ético a atitude de se tomar posição perante valores morais. Assim, o uso que faço do termo "posicionamento ético" visa caracterizar uma atitude de não neutralidade em relação a valores morais[2]. Isso não significa, porém, de forma nenhuma, que, ao se assumir uma posição ética, se pretenda impô-la às demais pessoas, pois isso seria desrespeito ao direito do outro de também fazer suas próprias escolhas. São admissíveis as argumentações a favor ou contra determinados valores morais e, a depender da situação, pode-se tentar convencer de maneira racional outras pessoas a adotarem ou rejeitarem esses valores, o que, porém, é muito diferente da atitude autoritária que procura impor, por coação ou indução, determinados valores a outras pessoas. Além disso, é preciso enfatizar que assumir posições não é necessariamente a mesma coisa que aderir dogmaticamente a um ponto de vista. Posições tomadas de forma não dogmática podem ser reavaliadas e modificadas a partir de novas evidências ou da descoberta de inconsistências e incoerências dos argumentos nos quais as pessoas tenham se apoiado para se posicionarem sobre alguma questão.

Eu não estaria, entretanto, confundindo posicionamento ético com posicionamento moral? Devo admitir que, neste texto, não diferenciarei de maneira acentuada esses dois termos. Não desconsidero, porém, que estudiosos da ética possam fazer distinções bem demarcadas entre questões éticas e questões morais, a exemplo do filósofo marxista mexicano Sánchez Vázquez, que considera os problemas morais como sendo de natureza prática e contextualizada, ao passo que os problemas éticos seriam teóricos e mais gerais:

---

2 Um estudo mais aprofundado dos valores morais na perspectiva do materialismo histórico-dialético requer uma teorização sobre a criação e a preservação dos valores ao longo da história humana, para que os valores morais sejam compreendidos como um dos tipos de valores surgidos na prática social. Em sua análise dos "princípios ontológicos fundamentais de Marx", György Lukács (2012a, p. 281-422) apresenta uma importante reflexão sobre o caráter materialista, histórico e dialético do processo de desenvolvimento dos valores. Heller (2016, p. 9-25) parte da reflexão sobre a dialética entre causalidade e teleologia, que Lukács faz em outro capítulo de sua "Ontologia do ser social", para analisar o processo histórico de desenvolvimento dos valores.

> Diferentemente dos problemas prático-morais, os éticos se caracterizam por sua generalidade. Se ao indivíduo concreto se apresenta na vida real uma situação dada, o problema de como atuar de maneira a que sua ação seja boa, isto é, moralmente valiosa, terá que resolvê-lo por si mesmo com ajuda de uma norma que ele reconheça e aceite intimamente. Será inútil que recorra à ética com esperança de encontrar nela o que deve fazer em cada situação concreta. A ética poderá dizer-lhe, no geral, o que é uma conduta sujeita a normas, ou em que consiste aquilo — o bem — que a conduta moral persegue, na qual se insere a de um indivíduo concreto ou a de todos. O problema do que fazer em cada situação concreta é um problema prático-moral, não teórico-ético. Por outro lado, definir o que é o bem não é um problema moral que corresponda a um indivíduo em relação a cada caso particular, mas sim um problema geral de caráter teórico cuja resolução cabe ao investigador da moral, isto é, ao ético.

Concordo com Sánchez Vázquez que há necessidade da teorização sobre o agir moral e, portanto, necessidade de um campo específico de estudos filosóficos que se convencionou chamar de Ética, da mesma forma que os estudos sobre a arte são chamados de Estética, os estudos sobre a ciência são chamados de Epistemologia e os estudos filosóficos sobre o ser são chamados de Ontologia. Entretanto, o reconhecimento da necessidade de teorização sobre o agir moral requer alguma cautela no que se refere à caracterização desse agir como prático e contextualizado. Agnes Heller (2016) argumenta que as ações podem se limitar ao plano da vida cotidiana e, nesse caso, se caracterizarem por uma unidade imediata entre pensamento e ação, ou seja, trata-se de um agir pragmático e espontâneo. Mas a autora afirma que as ações também podem ir além dos limites da cotidianidade e, nesse caso, evoluírem para uma relação entre teoria e prática que não é imediata, isto é, que requer diversos tipos de mediação. Segundo Heller (2016), quanto mais as decisões que o indivíduo tiver que tomar em sua cotidianidade se apresentarem carregadas de conteúdo moral, mais elas se tornarão um impulso para a elevação das ações acima do nível puramente cotidiano:

> A vida cotidiana está carregada de alternativas, de escolhas. Essas escolhas podem ser inteiramente indiferentes do ponto de vista moral (por exemplo, a escolha entre tomar um ônibus cheio ou esperar o próximo); mas também podem estar moralmente motivadas (por exemplo, ceder ou não o lugar a uma mulher de idade). Quanto maior é a importância da moralidade, do compromisso pessoal, da individualidade e do risco (que vão sempre juntos) na decisão acerca de uma alternativa dada, tanto mais facilmente essa decisão eleva-se acima da cotidianidade e tanto menos se pode falar de uma decisão cotidiana (Heller, 2016, p. 33).

Quanto mais as ações ultrapassem os limites da vida cotidiana, menos elas poderão ser consideradas puramente práticas e mais elas tendem a se guiar por reflexões com relativo nível de elaboração teórica. Nesse caso, empregando os termos de Saviani (1982), as ações do indivíduo tendem a superar o nível do senso comum em direção ao da consciência filosófica.

Feitas essas ponderações conceituais introdutórias, posso agora apresentar o argumento central deste capítulo: minha tese é a de que no romance "Ilusões Perdidas" há posicionamentos éticos sobre as escolhas feitas pelos personagens e esses posicionamentos não estão em colisão com a, nem independentes da visão realista que esse romance apresenta sobre o capitalismo francês da primeira metade do século XIX.

Em outros termos, minha interpretação é a de que aquilo que Engels chamou, a respeito da obra literária de Balzac, de "vitória do realismo" se mostra, em "Ilusões Perdidas", numa relação orgânica com o posicionamento ético sobre as atitudes e escolhas dos personagens. E isso não significa, de forma nenhuma, que eu veja nesse romance algum tipo de moralismo, pois considero haver uma diferença bem demarcada entre moralismo e posicionamento sobre valores morais. O moralismo é preconceituoso, baseado nas aparências e pautado fundamentalmente pelo senso comum, no sentido que Antonio Gramsci dá a esse termo. É, porém, bastante frequente, na atualidade, que pessoas de esquerda considerem a defesa de determinados valores morais como sinônimo de moralismo, o que me parece ser um equívoco que acaba, inadvertidamente, preservando para a direita a exclusividade do espaço de discussão sobre valores moral. Talvez seja essa confusão entre posicionamento ético e moralismo que tenha levado alguns intérpretes de Balzac a considerarem que suas obras literárias sofreriam influência de uma visão moralista. É o caso, por exemplo, do artigo de Venâncio Marinho, em que o autor expressa o seguinte:

> Como já mencionado, no prefácio de sua comédia humana, o literato francês exibe certa clareza quanto ao posicionamento que deve tomar para si enquanto literato: o de bastião do antigo regime monárquico e do modelo de educação católica; **o reflexo dessa tomada de posição vai se incidir em sua estética literária, no modo de representação da sociedade e de distribuição de seus personagens por entre o romance, o caráter moralizante de sua escrita** e, acima de tudo, o que se torna o fio condutor do presente trabalho, sua relação com o sentimento enquanto fonte e motor que marca o tom de sua especificidade literária e seu pretenso escopo científico (Marinho, 2015, p. 167, grifos meus).

Essa interpretação de Marinho colide com a de vários leitores de Balzac[3], a começar com a de Karl Marx e Friedrich Engels, que consideravam que a visão de mundo conservadora desse escritor francês não impedia que sua obra literária expressasse, de maneira particularmente rica e implacavelmente realista, a sociedade capitalista francesa da primeira metade do século XIX. É bastante conhecida e comentada a carta que Engels escreveu, em 1888, à escritora inglesa Margaret Harkness sobre o romance dessa autora intitulado “A City Girl”, publicado originalmente em 1887. Engels inicia a carta agradecendo a autora por ter lhe enviado um exemplar do livro que leu ávida e prazerosamente.

---

3 Para manter o foco na questão central deste capítulo, não me deterei na análise do argumento de Marinho (2015) de que a especificidade literária de Balzac residiria em sua relação com o sentimento, mas registro que, diferentemente desse autor, vejo no romance *Ilusões Perdidas* uma rica e complexa dialética entre razão e emoção.

> Surpreendeu-me especialmente — ademais da veracidade realista do seu relato — a sua audácia, digna de um verdadeiro artista, que não se revela apenas no seu trato do Exército da Salvação, que difere por completo dos juízos do pequeno burguês satisfeito consigo mesmo e que se inteira (talvez pela primeira vez ao ler o seu relato) de *porque* essa organização é tão bem recebida pelas massas populares. Isto aparece nitidamente na forma simples e direta que a Senhorita deu à velhíssima história da moça proletária seduzida por um burguês. Uma pessoa medíocre se esforçaria por revestir a trivialidade da fábula carregando em detalhes artificiosos e enfeites de toda espécie — mas nem por isso conseguiria dissimulá-la. A Senhorita, ao contrário, sentiu-se capaz de relatar de maneira nova uma história velha mediante apenas uma exposição veraz (Engels, 2012, p. 67).

O autor da carta afirma que haveria um único ponto sobre o qual ele poderia fazer alguma crítica ao romance da escritora inglesa, qual seja, o fato de que na opinião dele o livro é realista quanto aos personagens, mas não é igualmente realista sobre as circunstâncias nas quais eles vivem. Engels (2012) refere-se especificamente ao fato de que a classe trabalhadora inglesa, nessa obra literária, é caracterizada como sendo totalmente passiva, sem que seja mostrada nenhuma tentativa de reação às suas degradantes condições de trabalho e de vida. Engels (2012) argumenta que essa poderia ser a situação da classe trabalhadora inglesa em 1800 ou 1810, mas que em 1887 a situação não era vista dessa maneira por ele que, durante cinquenta anos, havia tido a honra de participar da luta do proletariado combatente. Engels (2012, p. 68) então afirma:

> A resistência revolucionária que a classe operária oferece ao meio que a oprime, os extraordinários esforços que realiza consciente ou semiconscientemente para inscrever na história seus direitos humanos devem ocupar, por este motivo, o seu espaço no campo do realismo.

Ao contrário, porém, do que poderiam pensar alguns militantes de direita e de esquerda não afeitos à dialética das contradições e das mediações, Engels (2012) não estava postulando que Margaret Harkness produzisse obras literárias que fossem tão somente expressão direta das posições políticas da autora. Engels (2012, p. 68) explica que "o realismo a que me refiro se manifesta, inclusive, independentemente dos pontos de vista do autor". Ele dá, então, como exemplo, a obra de Balzac, a quem considerava mais realista que "todos os Zola do passado, do presente e do futuro" (Engels, 2012, p. 68). Ocorre que Balzac não tinha posições políticas progressistas. Perante duas opções político-ideológicas, a dos ideais da Revolução Francesa e a visão de mundo aristocrática, Balzac escolhia a segunda, mas isso não impedia que sua obra literária mostrasse a inevitabilidade da superação do mundo da nobreza pelo mundo da burguesia.

> Balzac mostra como os últimos vestígios da velha sociedade da nobreza — que, para ele, é um modelo — foram desaparecendo paulatinamente com o avanço do adventício vulgar ou foram corrompidos por este último. O adultério da dama da alta sociedade era apenas um meio para defender-se e respondia plenamente à condição que o matrimônio lhe impunha. Mais adiante, essa dama cede o lugar à mulher burguesa, que procura um marido para dispor de dinheiro e de vestuário faustoso. Em torno deste quadro central, Balzac concentra toda a história da sociedade francesa, sociedade que conheci mais em seus livros [...] que nos textos de todos os especialistas do período, historiadores, economistas e estatísticos tomados em conjunto (Engels, 2012, p. 68).

Para o argumento que desenvolvo neste capítulo, tem especial importância o destaque que Engels faz sobre como Balzac construía de maneira particularmente mordaz seus personagens aristocráticos decadentes e como, por outro lado, revelava admiração pelos republicanos:

> [...] a sua sátira nunca é tão aguda, nem sua ironia é mais amarga, como quando faz agir os homens que mais o atraem, os aristocratas. As únicas pessoas de que sempre fala com franca admiração são os seus mais firmes opositores, os republicanos, os

> heróis da rua Cloitre Saint-Merry, homens que, naqueles anos (1830-1836), eram autênticos representantes das massas populares. Considero que uma das maiores vitórias do realismo, um dos traços mais valiosos do velho Balzac, é que ele se viu forçado a escrever contra as suas próprias simpatias de classe e preconceitos políticos, que tenha *visto* o caráter inevitável da ruína dos seus aristocratas prediletos e os tenha descrito como homens que não mereciam sorte melhor e que *visse* os verdadeiros homens do futuro precisamente onde eles se encontravam (Engels, 2012, p. 69).

Nessa sociedade burguesa que, na primeira metade do século XIX, caminhava em direção ao abandono da perspectiva revolucionária e ao distanciamento cada vez maior da busca da verdade, existiam, por certo, conflitos entre valores morais e, também, conflitos entre características da personalidade de cada pessoa. Todos os leitores de Balzac reconhecem a riqueza do elenco de seus personagens. Mas minha interpretação do romance "Ilusões Perdidas" é a de que os personagens postos em movimento na trama ali construída não são apresentados de maneira neutra. Aquilo que Marinho (2015) adjetivou como "caráter moralizante" da escrita de Balzac, em minha opinião é, na verdade, ao menos em "Ilusões Perdidas", a efetivação literária de uma grande capacidade de se manter realista e, ao mesmo tempo, assumir posições sobre os valores morais, as características de personalidade e as escolhas feitas pelos personagens desse romance.

A concretude dos personagens literários segundo György Lukács

As análises críticas feitas por György Lukács, durante décadas, de obras e correntes literárias, tinham sempre por referência a perspectiva marxista da história da humanidade, no interior da qual o capitalismo desempenha um papel que só pode ser adequadamente compreendido na perspectiva dialética, materialista e histórica. Nesse sentido, um dos marcos decisivos para Lukács é o processo pelo qual a burguesia, na primeira metade do século XIX, passou da condição de classe revolucionária à de classe contrarrevolucionária. Em texto de 1938, intitulado "Marx e o problema da decadência ideológica", Lukács (2012b) recorre a diversas análises feitas por Karl Marx que mostraram que, em várias áreas, o pensamento burguês foi se afastando da realidade objetiva e passando a construir todo tipo de elaborações destinadas exclusivamente à apologia da sociedade capitalista. Os ideais da Revolução Francesa e do Iluminismo são substituídos pelo pragmatismo da lógica da economia de mercado. É por isso que Lukács (2012b) emprega a categoria de decadência ideológica para caracterizar a tendência dominante da ideologia burguesa quando a burguesia deixa de ser classe revolucionária. Não se trata de uma espécie de tudo ou nada em que exista uma linha divisória temporal antes da qual só existisse a busca pela verdade e depois da qual só existissem as mentiras e os engodos. As contradições existiam desde o início do capitalismo e continuaram a existir após a metade do século XIX. A identificação de uma tendência não é a mesma coisa que a descoberta de um mecanismo absoluto do qual estariam ausentes as contradições. A determinação produzida por uma tendência dominante não torna a alienação um fenômeno absoluto contra o qual toda resistência seria um esforço vão. Como explica Heller (2016, p. 50), por mais profunda e extensa que seja, numa dada sociedade, a alienação, ela nunca é absoluta:

> Existe alienação quando ocorre um abismo entre o desenvolvimento humano-genérico e as possibilidades de desenvolvimento dos indivíduos humanos, entre a produção humano-genérica e a participação consciente do indivíduo nessa produção. Esse abismo não teve a mesma profundidade em todas as épocas nem para todas as camadas sociais; assim, por exemplo, fechou-se quase completamente nas épocas de florescimento da polis ática e do Renascimento italiano; mas, no capitalismo moderno, aprofundou-se desmesuradamente. Ademais, tal abismo jamais foi inteiramente insuperável para o indivíduo isolado: em todas as épocas, sempre houve um número maior ou menor de pessoas que, com ajuda de seu talento, de sua situação, das grandes constelações históricas, conseguiu superá-lo. Mas, para a massa, para o grande número dos demais, subsistiu o abismo, quer quando era muito profundo, quer quando mais superficial.

Lukács (2012b), portanto, ao analisar a decadência ideológica como uma tendência dominante no capitalismo consolidado, não exclui as contradições e as possibilidades de luta contra a alienação. Aliás, se essas contradições e possibilidades de luta não existissem, estaríamos diante do fim da história e perante a total impossibilidade de superação do capitalismo. Feitas essas necessárias considerações sobre a dialética que inspira e anima as análises lukacsianas no campo da crítica literária, assinalo que o filósofo marxista húngaro considerava Balzac um dos grandes mestres da literatura burguesa em sua fase mais rica, isto é, sua fase clássica:

> Balzac, Stendhal, Dickens, Tolstoi representam a sociedade burguesa que se está consolidando através de graves crises; representam as complexas leis que presidem à sua formação, os múltiplos e tortuosos caminhos que conduzem da velha sociedade em decomposição à nova que está surgindo. Eles mesmos viveram esse processo de formação em suas crises, participaram ativamente dele, ainda que nas mais diversas formas. Goethe, Stendhal e Tolstoi tomaram parte em guerras que serviram de parteiras a tais transformações. Balzac participou das especulações febris do nascente capitalismo francês e foi vítima delas. Tolstoi acompanhou as etapas mais importantes dessas transformações radicais na qualidade de proprietário de terras ou colaborando em várias organizações sociais (recenseamento, comissão contra a carestia etc.). Nisto eles são, também em sua conduta vital, os continuadores dos escritores, artistas e sábios do Renascimento e do Iluminismo: são homens que participam ativamente, de diferentes modos, das grandes lutas sociais da época e que se tornam escritores através das experiências de uma vida rica e multiforme. Não são ainda "especialistas", no sentido da divisão capitalista do trabalho (Lukács, 2012b, p. 156).

Mas, após a violenta repressão das revoltas populares de 1848, a sociedade burguesa assume abertamente seu caráter contrarrevolucionário, levando a uma mudança de atitude dos intelectuais ideologicamente opostos à opressão dos trabalhadores. Isso se refletiu também na literatura, como explica Lukács (2012b, p. 157):

> Flaubert e Zola iniciaram suas atividades depois da batalha de junho de 1848, numa sociedade burguesa já cristalizada e constituída. Não mais participaram ativamente da vida desta sociedade e nem mesmo queriam participar. Nessa recusa se manifesta a tragédia de uma importante geração de artistas da época de transição, já que a recusa é devida, sobretudo, a uma atitude de oposição, isto é, exprime o ódio, o horror e o desprezo que eles manifestam diante do regime político e social do seu tempo. Os homens que aceitaram a evolução social desta época tornaram-se estéreis e mentirosos apologistas do capitalismo. Flaubert e Zola são demasiado grandes e sinceros para seguir esse caminho. Por isso, como solução para a trágica contradição da situação em que se encontravam, só puderam escolher a solidão, tornando-se observadores e críticos da sociedade burguesa.

O título "Ilusões Perdidas" não expressa apenas o que aconteceu com Lucien, o personagem central do romance, mas com as próprias esperanças humanistas que haviam sido geradas pelo Iluminismo e pela Revolução Francesa. Entretanto, como György Lukács argumentou em muitos momentos de seus escritos, uma obra literária não é um tratado sociológico ou uma peça de propaganda política escrita em forma literária. Os personagens de Balzac não são meras peças controladas por um mecanismo independente de suas ações, decisões, vontades e personalidade. Os personagens de Balzac concretizam a frase que Marx (2011, p. 24) escreveu em "O Dezoito Brumário de Luís Bonaparte", que "Os homens fazem a sua própria história; contudo, não a fazem de livre e espontânea vontade, pois não são eles quem escolhem as circunstâncias sob as quais ela é feita, mas estas lhes foram transmitidas assim como se encontram". De fato, as pessoas não escolhem as circunstâncias nas quais vivem e fazem sua história, mas podem buscar conhecer essas circunstâncias, analisar as possibilidades nelas contidas e fazer escolhas sobre como usar as circunstâncias numa ou noutra direção. É por isso que Lukács (1965, p. 102) afirma que os personagens de Balzac são indivíduos concretos que agem em situações concretas e lutam movidos por suas paixões:

> [...] o momento "social geral", em Balzac, nunca é posto diretamente em primeiro plano. Os personagens de Balzac nunca são simples "peões" que simbolizam certos ângulos da crise social que ele pretende enfocar. Todo o complexo dos componentes sociais exprime-se na trama das paixões pessoais e dos acontecimentos contingentes de modo desigual, complicado, confuso e não desprovido de contradições. Cada uma das pessoas e das situações são sempre determinadas pelo complexo das forças sociais decisivas, mas nunca de modo simples e direto. Por isso, esse romance [*Ilusões Perdidas*], tão profundamente "universal", continua sendo também, contudo, o romance de apenas um personagem particular. Lucien de Rubempré age "aparentemente" com independência, lutando contra aquelas forças interiores e exteriores que se antepõem à sua ascensão e que "aparentemente" são consequência de circunstâncias ou paixões pessoais contingentes, mas que, de formas sempre distintas, brotam consequentemente do solo daquela mesma existência social que determina inclusive as aspirações de Lucien. Essa unidade multiforme é a peculiaridade da grandeza poética de Balzac.

Todos que leram "Ilusões Perdidas" sabem quão vivamente Balzac mostra a engrenagem capitalista dominando o jornalismo, a literatura, o teatro, a ciência e as relações pessoais na França da primeira metade do século XIX. Entretanto, personagens como Lucien de Rubempré não são meros resultados passivos das forças econômicas e das relações de poder existentes no contexto histórico e social em que se desenrola a trama do romance. Há uma complexa relação entre determinação e liberdade que, se não for devidamente compreendida, leva a dois extremos igualmente unilaterais e inadequados: ou o fracasso de Lucien é visto como um destino do qual o personagem não teria como escapar, por ser o destino de toda arte e literatura naquele contexto (determinismo sociológico e econômico) ou seu fracasso é consequência também inevitável de uma estrutura psíquica narcisista (determinismo psicológico). Em ambos os casos, porém, retira-se do sujeito a possibilidade de fazer escolhas. Mas é exatamente nesse ponto em que vejo se manifestar o posicionamento ético de Balzac em relação aos personagens desse romance: eles fazem escolhas, algumas de maneira extremamente consciente, não só das alternativas existentes, mas também de suas consequências, enquanto outras são feitas com graus menores de clareza sobre todos os aspectos objetivos e subjetivos envolvidos.

As dimensões reduzidas de um capítulo não permitem que eu apresente os diversos momentos do romance em que detecto essas escolhas feitas pelos personagens, analisando como Balzac apresenta tais escolhas de maneira a compará-las com base numa hierarquia de valores éticos. Mais adiante, porém, comentarei aquele que me parece ser o momento decisivo no qual Lucien faz uma escolha que revela de maneira transparente suas contradições morais e psíquicas. Argumentarei que aquele momento do romance é a referência para todo o desenrolar posterior do enredo e para a avaliação do quão profunda é a decadência a que chegou a vida de Lucien. Para justificar essa interpretação de que os personagens de "Ilusões Perdidas" são sujeitos que fazem escolhas, mesmo que o façam em graus diferentes de consciência, insistirei na análise feita por Lukács (1965) sobre a riqueza e a complexidade das relações entre os personagens construídos por Balzac.

> A amizade entre David Séchard e Lucien de Rubempré, as ilusões desfeitas de seu comum entusiasmo juvenil, o contraste entre seus caracteres: são esses os elementos que constituem, em linhas gerais, as cenas da ação. A genialidade de Balzac se manifesta já nesse primeiro esquema geral da composição. Cria personagens, nos quais, de um lado, a tensão implícita no argumento se exprime sob a forma de paixões humanas, de aspirações individuais: David Séchard é um inventor que descobre a maneira de produzir papel a custo inferior, mas é logrado pelos capitalistas; Lucien leva ao mercado do capitalismo parisiense o lirismo mais puro e delicado. Por outro lado, na oposição entre os dois caracteres manifesta-se com humana plasticidade o mais extremo contraste entre as diversas maneiras pelas quais as pessoas, individualmente, podem reagir contra a monstruosidade do capitalismo. David Séchard é um estoico puritano, enquanto Lucien personifica a exacerbada avidez dos prazeres, o refinado epicurismo da geração pós-revolucionária (Lukács, 1965, p. 99).

Na vida, os indivíduos são sínteses das relações sociais das quais fazem parte. Da mesma forma, na obra literária, os personagens não existem isoladamente, mas em relação uns com os outros, direta ou indiretamente. Essas relações não são, porém, puramente interindividuais, já que mesmo as relações entre duas pessoas fazem parte de contextos sociais, econômicos e culturais, ainda que disso não se tenha plena consciência. As relações amorosas de Lucien com a senhora de Bargeton e com Coralie são fortemente limitadas e marcadas pelos parâmetros de classe social, seja pela forma como essas relações são julgadas pela sociedade retratada no romance, seja pela própria maneira como se desenrolaram as relações entre cada uma dessas mulheres e Lucien. Igualmente, as relações de Lucien com sua mãe, sua irmã e com David Séchard, seu amigo e cunhado, estão inseridas em referências socioculturais que interferem nas vivências afetivas e nas atitudes de cada um diante dos problemas, dos impasses e dos sofrimentos.

Num texto de 1936, intitulado "A fisionomia intelectual dos personagens artísticos", Lukács (2012b, p. 191) argumenta sobre a importância das relações humanas na constituição do ser de cada indivíduo:

> Os homens do mundo real não agem um ao lado do outro, mas um em favor do outro ou contra o outro; esta luta é o fundamento da existência e do desenvolvimento da individualidade humana. O enredo, como síntese concreta dessas ações e reações complexas na práxis dos homens; o conflito, como forma fundamental dessas ações e reações contraditórias; o paralelismo e o contraste, como expressões da direção — convergente ou antitética — na qual operam as paixões humanas: todos os princípios básicos da composição poética não fazem mais do que refletir, concentrando-as no filtro da síntese literária, as formas mais universais e necessárias da própria vida humana. Mas não se trata apenas dessas formas. Os fenômenos típicos e universais devem ser, ao mesmo tempo, ações específicas, paixões individuais de homens determinados. O artista inventa situações e meios expressivos através dos quais torna-se evidente que as paixões individuais transcendem os limites do mundo puramente individual.

Essa individualidade dos personagens, para ser realmente concreta e não um simples esquema abstrato, precisa viver a complexa dialética entre determinação e liberdade, isto é, precisa fazer sua história nas condições com as quais se depara. Consideremos, então, Lucien de Rubempré como uma individualidade e perguntemos: seu fracasso era inevitável? Formulando essa pergunta de outra maneira: o romance "Ilusões Perdidas" provoca em seu(sua) leitor(a) um posicionamento sobre o rumo que Lucien tomou em sua vida? No próximo item, argumentarei que o destino de Lucien não estava previamente traçado, tendo sido resultado das escolhas que fez o herói desse romance.

Existem escolhas morais numa estrutura social indiferente aos valores morais?

Karl Marx já havia identificado o fato de que, no capitalismo, as leis da economia de mercado são indiferentes aos valores morais. Em seus "Manuscritos econômico-filosóficos", escritos em 1844, Marx (2008) imagina alguém perguntando ao economista se estaria sendo infringida alguma norma quando uma pessoa se vende ou vende outro ser humano. A resposta que o economista daria a essa pergunta seria, segundo Marx (2008, p. 143):

> [...] tu não ages contra minhas leis; mas veja o que diz a prima moral e a prima religião; minha moral e religião nacional-econômicas nada tem a objetar-te. Mas em quem devo acreditar mais agora, na economia nacional ou na moral? — A moral da economia nacional é o ganho, o trabalho e a poupança, o ascetismo — mas a economia nacional promete-me satisfazer minhas carências. — A economia nacional da moral é a riqueza em boa consciência, em virtude etc., mas como posso ser virtuoso se nada sou, como posso ter uma boa consciência se nada sei? — Está fundado na essência do estranhamento [da alienação] que cada esfera me imputa um critério distinto e oposto: um, a moral; outro, a economia nacional,

> porque cada uma é um estranhamento [uma alienação] determinado do homem e cada uma fixa um círculo particular da atividade essencial estranhada [alienada]; cada uma se comporta estranhadamente [alienadamente] com relação à outra.

Como é mostrado de maneira especialmente clara em "Ilusões Perdidas", a sociabilidade prevalente no capitalismo é dominada pelo fetichismo das relações econômicas (Carvalho, 2017). Isso, porém, significaria que a alienação seria absoluta e que os indivíduos nunca se veriam diante de situações em que seu posicionamento moral fosse relevante para a sua vida e a de outras pessoas? O romance de Balzac imporia a Lucien um destino do qual ele não teria escapatória, independentemente de sua vontade, suas atitudes e suas escolhas? Minha resposta é negativa e, nesse ponto, se estiver correto meu entendimento do argumento de Lukács (1965, p. 106), permito-me discordar de sua afirmação de que:

> A real necessidade nesse romance é, portanto, que Lucien deva arruinar-se em Paris. Cada passo, cada momento do ascenso ou descenso da linha de sua vida, fazem manifestar-se sempre mais profundos os fatores sociais e psicológicos desse processo necessário. De acordo com o plano do romance balzaquiano, "todos" os acasos levam a essa meta, e todos os fatores "particulares" que contribuem para essa necessidade são por si mesmos casuais. A mais profunda necessidade social, em Balzac, constitui-se sempre por meio da "ação", por meio do intenso encadeamento dos acontecimentos, que na maioria das vezes se concentram no rumo da catástrofe.

Não se pode discordar de Lukács (1965) de que as forças sociais e psíquicas dominantes na vida de Lucien são exatamente as que o empurraram em direção à catástrofe. O que não concordo, porém, é que a ruína de Lucien em Paris fosse uma necessidade. Era a possibilidade com mais chances de se efetivar, mas não era a única. Existiam outras possibilidades e o romance coloca Lucien e o leitor perante elas. O leitor sente os conflitos internos de Lucien, debate com ele, reage às suas escolhas e se vê levado com o herói para o confronto com as consequências, prazerosas ou desastrosas, dessas escolhas. Mas as alternativas são visíveis no romance, ou seja, não era inevitável que Lucien se lançasse no rumo do desastre.

Como já assinalei, não seria possível apresentar e analisar neste capítulo os vários momentos do romance em que Lucien, e também outros personagens, se veem em situações nas quais precisam tomar decisões de teor moral. Mas há uma situação ao longo do romance que considero crucial e na qual Lucien poderia ter tomado uma decisão diferente daquela que tomou. Nesse momento da narrativa, o herói já havia passado por desilusões, decepções e humilhações em seu frustrado relacionamento amoroso com uma mulher casada, a senhora de Bargeton, em cuja companhia ele havia chegado a Paris às escondidas. Após ver sua amada rejeitá-lo para não ser rejeitada pela alta sociedade parisiense, e vendo-se em condições financeiras bastante restritivas, Lucien volta-se para os estudos que realiza diariamente numa biblioteca e passa a levar uma vida espartana, distanciada dos atrativos ambientes parisienses de luxo e prazeres. Não havia abandonado os sonhos de sucesso e de riqueza, mas havia concluído que o caminho para isso não seria o da sua aceitação imediata pela alta sociedade, mas sim o caminho mais longo e penoso da dedicação ao crescimento e autoaperfeiçoamento como artista. Lucien escreveu isso numa carta à sua irmã, em que é nítido seu esforço por convencer a si mesmo que está no rumo certo:

> A tristeza e a miséria só podem atingir os talentos desconhecidos, mas os escritores, quando são revelados, enriquecem, e eu serei rico. Aliás, vivo pelo pensamento, passo a metade do dia na biblioteca Sainte-Geneviève, onde adquiro a instrução que me falta e sem a qual não irei longe. Hoje, me encontro, portanto, quase feliz. Em poucos dias conformei-me alegremente com minha situação. Dedico-me desde a manhã a um trabalho que amo; a vida material está garantida; medito muito, estudo, não vejo onde, agora, possa ser ferido, depois de ter renunciado ao mundo em que minha vaidade poderia sofrer a todo instante. Os homens ilustres de uma época são obrigados a viver isolados. Não são eles os pássaros da floresta? Cantam, encantam a natureza e ninguém deve avistá-los. Assim farei, se é que conseguirei realizar os planos ambiciosos de meu espírito (Balzac, 2016, p. 220-221).

Em suas idas à biblioteca, Lucien acaba por conhecer Daniel D'Arthez, que viria a se tornar "[...] um dos mais ilustres escritores de nossa época, e uma das raras pessoas que, segundo o lindo pensamento de um poeta, oferecem a combinação de um belo talento e um belo caráter" (Balzac, 2016, p. 242). Lucien expõe a Daniel as dificuldades que estava encontrando para fazer com que algum editor se interessasse por seus escritos e Daniel procura mostrar-lhe que todos que queriam se tornar grandes escritores passavam por todo tipo de dificuldades, que precisavam ser enfrentadas com paciência e determinação:

> – Custa muito ser um grande homem — disse-lhe Daniel com sua voz suave. — O gênio rega suas obras com as lágrimas. [...] Quem se quer elevar acima dos homens deve preparar-se para uma luta, não recuar diante de nenhuma dificuldade. Um grande escritor é um mártir que não morrerá, só isso. Você tem na fronte a marca do gênio — disse D'Arthez a Lucien, dando-lhe um olhar que o envolveu —; se no coração não tiver a mesma vontade do gênio, se dele não tiver a paciência angélica, se a certa distância do objetivo que lhe impõem as extravagâncias do destino você não retomar o caminho do seu infinito, assim como as tartarugas, em qualquer país que estejam, tomam o caminho de seu querido oceano, renuncie desde hoje (Balzac, 2016, p. 242).

Daniel fez todos os esforços para que o grupo de intelectuais que se reunia quase todas as noites em seu modesto quarto aceitasse Lucien como novo integrante. Eram, além de Daniel, mais oito personagens que "[...] compunham um Cenáculo[4] em que a estima e a amizade faziam reinar a paz entre as ideias e as doutrinas mais opostas" (Balzac, 2016, p. 251). Todos viviam em condições materiais bastante precárias, mas isso não lhes tirava o ânimo para continuarem perseguindo seus ideais

---

4 O dicionário Aulete *on-line* apresenta os seguintes significados para Cenáculo: "1. Dependência onde se servia a ceia; 2. Local ou representação da Santa Ceia; 3. Reunião de pessoas com ideais ou objetivos comuns". Disponível em: https://aulete.com.br/cenáculo. Acesso em: 13 jul. 2023.

estéticos, filosóficos, políticos e éticos. Em pouco tempo, porém, acabou-se o dinheiro de Lucien[5], mas ele não teve coragem de expor sua situação financeira aos novos amigos daquele seleto grupo. Mesmo assim, eles perceberam o que estava acontecendo, cada um contribuiu com o que pôde e deram a Lucien duzentos francos. Ocorre que, anteriormente, Lucien havia escrito uma carta à sua família, relatando com entusiasmo a riqueza humana que lhe estava sendo proporcionada pela convivência com aquele grupo de pessoas especiais. No dia seguinte ao que recebeu os duzentos francos dados por seus amigos, chegam a Lucien uma carta escrita por seu cunhado e amigo David e outra de sua irmã Ève, na qual havia também um bilhete escrito por sua mãe. Na carta da irmã, além de ela expressar sua felicidade e gratidão pelos amigos aos quais Lucien havia se unido, relata as dificuldades financeiras da família:

> Meu marido, esse grande homem desconhecido que amo cada dia mais, descobrindo de vez em quando novas riquezas em seu coração, abandona sua tipografia e adivinho porquê: a sua miséria, a nossa, a de nossa mãe, o assassinam. Nosso adorado David é como Prometeu devorado por um abutre amarelo de bico pontudo. Quanto a ele, o nobre homem, não pensa muito nisso, tem a esperança de amealhar uma fortuna. Passa todos os dias fazendo experiências sobre fabricação de papel; pediu-me para cuidar, em seu lugar, dos negócios, nos quais me ajuda tanto quanto lhe permite sua preocupação. Infelizmente, estou grávida! Este acontecimento, que teria me deixado radiante, me entristece na situação em que todos nós estamos. Minha pobre mãe voltou a ser jovem, reencontrou forças para seu cansativo ofício de cuidar dos doentes. Não fossem as preocupações com o dinheiro, seríamos felizes (Balzac, 2016, p. 257-258).

5 Esse dinheiro lhe tinha sido dado por sua família quando de sua ida de Angoulême a Paris, a despeito da penúria em que viviam sua irmã e sua mãe.

David, em sua carta, expressa grande contentamento pelo fato de Lucien estar seguindo um caminho que ele considerava correto e envia a Lucien uma nota promissória, a ser cobrada em noventa dias, no valor de duzentos francos, mesmo sem dispor naquele momento dos recursos necessários para pagar essa promissória. Ele diz a Lucien que esse poderá negociar a nota promissória "[...] com o senhor Métivier, negociante de papel, nosso correspondente em Paris, na rua Serpente" (Balzac, 2016, p. 256). David explica que havia tomado essa iniciativa sem que sua mulher (irmã de Lucien) o soubesse, mas que o fazia em apoio ao bom caminho que Lucien estava seguindo:

> Sem que Ève saiba, subscrevi-lhe, portanto, essa letra, que darei um jeito de saldar no vencimento. Não saia do seu caminho: ele é rude, mas será glorioso. Eu preferiria sofrer mil males à ideia de saber que você caiu em um dos atoleiros de Paris, onde vi tantos caírem. Tenha a coragem de evitar, como faz, os lugares perniciosos, as pessoas más, os doidivanas e certos literatos que aprendi a avaliar por seu justo valor durante minha temporada em Paris. Enfim, seja o digno êmulo desses espíritos celestes que você me tornou tão queridos [os integrantes do Cenáculo]. Sua conduta breve será recompensada. Adeus, meu irmão bem-amado, você deixou meu coração radiante, eu não esperava tanta coragem (Balzac, 2016, p. 257).

Entretanto, a carta de David teve o efeito oposto ao que ele esperava. Não propriamente a carta, mas o gesto de envio da nota promissória de duzentos francos. Lucien poderia ter simplesmente se recusado a sacar aquele valor, já que tanto Ève como David o haviam inteirado da penosa vida que levavam. Os amigos do Cenáculo haviam dado uma demonstração do espírito de solidariedade que animava o grupo, todos se apoiavam mutuamente na luta contra as agruras materiais. Além disso, mesmo considerando-se a vontade de ajudar Lucien, o gesto de David era reprovável pelo fato de sua esposa não ter participado dessa decisão, o que se tornava ainda mais grave pela situação financeira da família, pela gravidez de Ève e pelo fato de que ela vinha trabalhando arduamente na tipografia a pedido de seu marido. O próprio David menciona esse fato em sua carta para Lucien:

“Minha mulher começou a dirigir a tipografia e se desincumbe da tarefa com uma dedicação, uma paciência, uma atividade que me fazem abençoar os céus por terem me dado como esposa um anjo desses” (Balzac, 2016, p. 256). Ève, por sua vez, é bem clara: “Aqui, meu amigo, trabalhamos como pobres operários” (Balzac, 2016, p. 257). A tipografia foi “herdada” por David numa transação em que, logo ao início do romance, ele é ludibriado friamente por seu pai, que deixou de lado qualquer sentimento paternal para tirar proveito da ingenuidade de seu filho em relação ao mundo dos negócios.

Mesmo tendo sido informado de maneira bastante clara sobre a terrível situação financeira de sua família, Lucien deixou-se levar pelo egoísmo e pela vaidade, optando pelo oposto do que seria uma atitude moralmente correta. Dois dias depois, apressou-se em devolver os duzentos francos aos amigos do Cenáculo. Essa decisão era uma traição em todos os sentidos. Lucien estava traindo a amizade de Daniel D’Arthez e dos demais integrantes do grupo, traindo a decisão que ele próprio anteriormente havia tomado, de se dedicar integralmente aos esforços por crescer como escritor, traindo a confiança que sua família nele depositava e, por fim, traindo seu talento literário. Isso se revela claramente no diálogo que ocorreu no momento em que Lucien devolveu o dinheiro que os amigos lhe haviam dado.

> Portanto, dois dias depois Lucien pôde pagar aos amigos o empréstimo tão generosamente oferecido. Talvez jamais a vida tenha lhe parecido tão bela, mas seu gesto de amor-próprio não escapou aos olhares profundos de seus amigos e à sua delicada sensibilidade.
> – Parece que tem medo de nos dever alguma coisa — exclamou Fulgence.
> – Ah, o prazer que ele manifesta é, a meu ver, muito grave! — disse Michel Chrestien. — Confirma as observações que fiz: Lucien é vaidoso.
> – Ele é poeta — disse D’Arthez.
> – Vocês me querem mal por causa de um sentimento tão natural como o meu?
> – É preciso ter em conta que ele não o escondeu de nós — disse Léon Giraud — ainda é franco; mas meu receio é que mais tarde acabe com medo de nós.

– E por quê? — perguntou Lucien.

– Estamos lendo em seu coração — respondeu Joseph Bridau.

– Há em você — disse-lhe Michel Chrestien — um espírito diabólico que o levará a justificar a seus próprios olhos as coisas mais contrárias aos nossos princípios: em vez de ser um sofista de ideias, será um sofista da ação.

– Ah! Disso eu tenho medo — disse D'Arthez. — Lucien, você travará em si mesmo discussões admiráveis que o farão se sentir grande, mas que terminarão em atos criticáveis... Jamais você estará de acordo consigo mesmo.

– Mas em que apoiam seu requisitório? — perguntou Lucien.

– Sua vaidade, meu caro poeta, é tão grande que você a utiliza até na amizade!

– Oh, meu Deus! — exclamou Lucien. — Então não sabem como os amo.

– Se gostasse como gostamos de você, teria posto tanto empenho e tanta ênfase em nos devolver o que tivemos tanto prazer em lhe dar?

– Aqui não emprestamos nada, damos — disse-lhe brutalmente Joseph Bridal.

– Não creia que somos rudes, meu caro menino — disse-lhe Michel Chrestien —, somos previdentes. Temos medo de vê-lo um dia preferindo as alegrias de uma pequena vingança às alegrias de nossa amizade pura. Leia o Tasso, de Goethe, a maior obra desse belo gênio, e verá que o poeta ama os tecidos brilhantes, os festins, os triunfos, o brilho. Pois bem! Seja o Tasso sem sua loucura. O mundo e seus prazeres o chamarão?... Fique aqui. Transporte para a região das ideias tudo o que pede às suas vaidades. Loucura por loucura, ponha a virtude em suas ações e o vício em suas ideias, em vez de, como lhe dizia D'Arthez, pensar bem e se conduzir mal.

Lucien abaixou a cabeça: os amigos tinham razão.

– Confesso que não sou tão forte como vocês — disse, dando-lhes um adorável olhar. Não tenho costas nem ombros para sustentar Paris, para lutar com coragem. A natureza nos deu temperamentos e faculdades diferentes e vocês conhecem melhor que ninguém o avesso dos vícios e das virtudes. Já estou cansado, confesso (Balzac, 2016, p. 259-260).

A decisão de Lucien, na verdade, já estava tomada. Ele não seguiria o mesmo caminho árduo de D'Arthez e seu grupo, mas pegaria o que lhe parecia ser um atalho, que seria o de entrar para o mundo do jornalismo, a despeito de todos os alertas que seus amigos lhe fizeram sobre o fato de que isso significaria vender sua atividade para quem pagasse melhor, sem nenhum compromisso com a verdade. Mas, naquele momento, as advertências dos integrantes do Cenáculo surtiam o efeito contrário, provocavam nele a vontade de mostrar que teria força suficiente para se colocar face a face com o brilho sedutor do dinheiro fácil e do sucesso momentâneo e, mesmo assim, não perder de vista seu projeto de se tornar um verdadeiro escritor.

Lucien não percebia a contradição entre se declarar sem forças para enfrentar as privações materiais e acreditar ser capaz de não se deixar levar pelo canto da sereia do mundo de aparências da alta sociedade parisiense. Ele dominava a escrita com maestria e isso indicava que não teria dificuldades em ser bem-sucedido no jornalismo, mas ele não tinha noção do poder da engrenagem do capital. A essa altura do romance, o leitor também talvez ainda não tenha uma dimensão exata do tamanho do furacão no qual Lucien estava se lançando. Terá que acompanhar Lucien em sua vertiginosa ascensão, terá que invejar os prazeres experimentados pelo herói para, depois, sentir como se fossem suas as dores da ruína de Lucien, tão vertiginosa quanto sua ascensão.

Minha interpretação é a de que a referência para se dimensionar moralmente a ruína de Lucien não é a do clímax dos prazeres e do sucesso como jornalista, mas sim as possibilidades de relacionamento humano e de crescimento como escritor que Lucien teria se tivesse optado por viver como os amigos do Cenáculo. E aqui me permito discordar da avaliação que Lukács (1965) faz do significado, no romance de Balzac (2016), do personagem Daniel D'Arthez e de seu grupo. Para Lukács (1965, p. 112),

> A profundidade e a complexidade do seu pensamento [o de Balzac] levam-no a uma posição contraditória: reconhecendo crítica e orgulhosamente as contradições da evolução capitalista, e acolhendo-as no terreno poético e ideológico, eles não

> podem, contudo, evitar as ilusões infundadas. No nosso romance [*Ilusões Perdidas*], a encarnação poética dessas ilusões é o grupo de D'Arthez, como em *Le Neveu de Rameau* é o próprio Diderot, que funciona como interlocutor. Em todos esses casos, à ignominiosa realidade contrapõe-se poeticamente outra realidade melhor. A debilidade de semelhante argumentação poética já foi salientada incisivamente por Hegel numa análise da obra prima de Diderot: "A realidade universal do comportamento subvertido contrapõe-se à totalidade do mundo real, e nela todo exemplo constitui apenas algo completamente individualizado, uma *species*; e a existência do bom e do nobre como um episódio particular, seja falso ou real, é o pior que se pode dizer". Hegel vê claramente, já no caso de Diderot, que o verdadeiro tom da evolução histórica universal se revela no que é negativo, perverso, subvertido, e não numa isolada representação do bem.

Para mim, porém, o grupo de Daniel D'Arthez não é uma isolada representação do bem e não é uma argumentação poética débil. Essa não é uma parte frágil da arquitetura do romance "Ilusões Perdidas" e, também, não é resultado das ilusões do próprio Balzac. Ao contrário de Lukács (1965), vejo que essa parte do romance é fundamental como parâmetro para se avaliar a desumanidade da engrenagem capitalista. O papel de Daniel e seu grupo em "Ilusões Perdidas" é o de dar a Lucien a chance de se deparar com uma opção que, não sendo fácil, era, porém, real e tinha um valor moral mais elevado. Como escreveu Gramsci (1999, p. 406):

> A possibilidade não é *a* realidade, mas é, também ela, *uma* realidade: que o homem possa ou não possa fazer determinada coisa, isto tem importância na avaliação daquilo que realmente se faz. Possibilidade quer dizer "liberdade". A medida das liberdades entra no conceito de homem. Que existam as possibilidades objetivas de não se morrer de fome e que, mesmo assim, se morra de fome, é algo que, ao que parece, tem sua importância. Mas a existência das condições objetivas — ou possibilidade, ou liberdade — ainda não é suficiente: é necessário "conhecê-las" e saber utilizá-las. Querer utilizá-las.

Gramsci (1999) está se referindo diretamente ao domínio das forças naturais pelos seres humanos, mas sua análise também é válida para o domínio que o ser humano tenha das possibilidades que surgem em sua vida. Se a medida das liberdades entra no conceito de homem, ou seja, é parâmetro de avaliação do que é humano, do que humaniza, é também referência para o que desumaniza. Lucien tinha a liberdade de fazer a mesma opção que fez Daniel D'Arthez e seu grupo e essa opção seria humanizadora para ele. Não estou afirmando que ele necessariamente seria bem-sucedido se tivesse feito essa opção. Isso dependeria muito das relações que ele conseguisse estabelecer com os integrantes daquele grupo, com sua atividade de estudo, de produção de obras literárias e, também, é claro, da sua capacidade de viver, ao menos por um tempo, em condições materiais restritivas. Não estou afirmando, portanto, que essa opção asseguraria que ele viesse a se tornar um grande escritor, embora, a princípio, Lucien tivesse a seu favor o talento literário, mesmo que imaturo e precisando ser trabalhado tanto quanto a personalidade do jovem escritor. Mas estou argumentando que, ao aceitar o dinheiro oferecido por seu cunhado, impondo mais sacrifícios à sua família, unicamente para não manter vínculos de obrigação moral com Daniel D'Arthez e seu grupo, e ao escolher seguir o caminho da venda de sua atividade de escritor ao jornalismo corrompido, Lucien foi egoísta e covarde, ainda que a seus olhos sua escolha parecesse corajosa. Uma das contraditórias justificativas que ele buscou para sua escolha foi a de que "a natureza nos deu temperamentos e faculdades diferentes".

Para não perder o foco da análise, deixarei o quão questionável é essa visão inatista das características psíquicas de uma pessoa e concentrarei minha atenção no fato de que Lucien lançou mão desse argumento de maneira a se isentar de responsabilidade sobre a decisão que estava tomando. Aliás, por não conseguir lidar com a dialética entre determinação e liberdade, o senso comum frequentemente oscila entre a pura determinação (predestinação, astrologia, vontade divina, natureza etc.) e a total liberdade expressa em frases do tipo: "basta acreditar num sonho para que ele se realize", "sou eu que mando em minha vida" etc. Nessa oscilação, não é raro que a pura determinação seja empregada como fuga da responsabilidade sobre decisões tomadas.

É verdade que Lucien tinha algumas características psíquicas e morais que tornariam mais difícil ele se acostumar ao tipo de vida que levavam os integrantes do grupo de Daniel D'Arthez. Uma dessas características era a vaidade excessiva, alimentada por sua beleza física, por seu talento poético e pelo fato de sua mãe e sua irmã sempre se sacrificarem em prol do seu bem-estar. Essa vaidade associava-se ao egoísmo que muitas vezes não era premeditado, diferentemente de tantos outros personagens desse romance. Normalmente Lucien não parecia ter a intenção de causar o mal a outras pessoas, especialmente às que amava, mas isso não impedia que seus impulsos egoístas o levassem a decisões bastante nocivas para pessoas que o amavam. Mas essas características psíquicas e morais de Lucien não eram forças incontroláveis às quais ele tivesse que se submeter. Ele poderia fazer a escolha de lutar para modificar sua personalidade, mas lhe faltaram dois dos quatro pontos[6] assinalados por Gramsci (1999). Existia concretamente para Lucien a possibilidade de se integrar ao grupo de Daniel D'Arthez, ele sabia que essa possibilidade existia, mas não sabia muito bem como fazer isso se tornar uma realidade e, de fato, não queria utilizar essa possibilidade porque ela lhe parecia muito árdua.

Uma objeção que poderia ser feita aos argumentos que estou apresentando, seria a de que Lukács (1965), ao considerar o grupo de Daniel D'Arthez uma "isolada representação do bem", estaria salientando que ele não seria representativo das tendências fundamentais daquele contexto social e histórico. Ao afirmar que a rápida passagem de Lucien por esse grupo desempenha um papel fundamental para o posicionamento ético contido nesse romance, eu estaria me afastando do marxismo e adotando um idealismo ingênuo, nostálgico e moralista. Apoio-me, porém, em algo que aprendi com os clássicos do marxismo, entre os quais incluo Lukács, isto é, que a superação revolucionária do capitalismo precisa ser

6 Os quatro pontos assinalados na citada passagem de Gramsci (1999) são: 1) É preciso que as possibilidades existam, isto é, que existam alternativas; 2) É preciso conhecê-las, ou seja, é preciso conhecer objetivamente as alternativas existentes; 3) É preciso saber como fazer com que as possibilidades se efetivem, se tornem realidade; 4) É preciso querer agir de maneira a fazer com que as possibilidades se concretizem.

um processo de incorporação, à vida de todas as pessoas, das principais conquistas do processo histórico e contraditório de humanização. Assim, o fato de que determinados valores sejam postos à margem das tendências principais do desenrolar da sociabilidade concretamente existente num determinado momento histórico não determina que esses valores percam sua qualidade humana.

É o caso, por exemplo, na atualidade, da solidariedade entre os trabalhadores. Décadas de neoliberalismo e de precarização do trabalho resultaram numa enorme debilitação dessa solidariedade, mas isso não a torna um valor menos importante para a humanidade. Na história humana os valores são criados pela prática social e nela podem ser preservados ou perdidos, valorizados ou abandonados, fortalecidos ou debilitados. O grupo de Daniel D'Arthez dedicava-se a atividades de crescimento intelectual e cultivava relações de amizade, companheirismo e apoio mútuo. Não era um grupo revolucionário, mas as conquistas da humanização não estão concentradas apenas em movimentos sociais revolucionários. Não são apenas práticas revolucionárias que se caracterizam como humanizadoras. A humanização é um processo histórico amplo, contraditório e heterogêneo, que ocorre de maneiras diferentes nos vários tipos de prática social. As atitudes cultivadas pelo grupo de D'Arthez, como fica evidente no citado diálogo, continham valores inegavelmente humanizadores, que se opunham ao individualismo egoísta e à busca de prazeres superficiais e fugazes. Mas Lucien percebeu que para se unir verdadeiramente àquele grupo ele teria que ordenar sua vida e suas condutas segundo uma escala de valores distinta da que até então ele havia adotado. Ele não tomou essa decisão, porque em seu conflito interno venceu o sentimento que eu chamaria de medo da catarse, isto é, medo de mudar sua visão de mundo[7].

Heller (2016) toma de empréstimo de Goethe o termo "condução da vida" para expressar o processo de desenvolvimento da capacidade individual de ordenação e priorização das atividades realizadas por uma

7 Em Duarte (2019), argumentei que as formas mais desenvolvidas de catarse são aquelas em que as pessoas mudam sua concepção de mundo em direção a uma visão do ser humano como artífice da humanidade e da desumanidade.

pessoa. O indivíduo busca ter como norte de sua vida a unidade entre o engajamento com uma concepção de mundo e a busca de autorrealização da personalidade.

> A condução da vida supõe, para cada um, uma vida própria, embora se mantendo a estrutura da cotidianidade; cada qual deverá apropriar-se a seu modo da realidade e impor a ela a marca de sua personalidade. É claro que a condução da vida é sempre apenas uma tendência de realização mais ou menos perfeita. E é condução da vida porque sua perfeição é função da individualidade do homem e não de um dom particular ou de uma capacidade especial. Como vimos, a condução da vida não pode se converter em possibilidade social universal a não ser quando for abolida e superada a alienação. Mas não é impossível empenhar-se na condução da vida mesmo enquanto as condições gerais econômico-sociais ainda favorecem a alienação. Nesse caso, a condução da vida torna-se representativa, significa um desafio à desumanização, como ocorreu no estoicismo ou no epicurismo. Nesse caso, a "ordenação" da cotidianidade é um fenômeno nada cotidiano: o caráter representativo, "provocador", excepcional, transforma a própria ordenação da cotidianidade numa ação moral e política (Heller, 2016, p. 52-53).

É essa a linha de análise na qual me apoio para argumentar, neste texto, que "Ilusões Perdidas" é um romance no qual o realismo não se mostra em conflito com o posicionamento ético sobre as escolhas morais feitas pelos personagens.

Sobre as acusações de eurocentrismo

É bem provável que alguns companheiros da esquerda educacional brasileira torçam o nariz ao verem que este capítulo se volta para uma obra literária europeia do século XIX e me acusem de eurocentrismo. Imagino também que isso possa ter acontecido ou possa vir a ocorrer com Rossi e Rossi (2021), que escreveram um artigo defendendo o trabalho pedagógico com "Ilusões Perdidas" em cursos de formação de professores. Não discordo da necessidade de atenção permanente para a possibilidade de reprodução de visões etnocêntricas. Entretanto, considero igualmente necessário estarmos atentos para não nos imbuirmos de visões preconceituosas em relação ao patrimônio cultural humano de origem europeia, pois, nesse caso, a justa preocupação em se evitar o eurocentrismo pode nos levar à eurofobia, entendida como rejeição de tudo o que seja de origem europeia.

Em sua tese de doutorado em educação escolar, Elaine Duarte buscou na obra de Antonio Gramsci contribuições para a análise da alfabetização como ingresso no mundo da cultura escrita, mas a autora esclarece que busca essas contribuições no conjunto das elaborações gramscianas sobre cultura e educação, já que esse autor não se dedicou especificamente ao tema da alfabetização:

> As menções à alfabetização nos escritos de Gramsci são poucas e breves, não havendo um tratamento detalhado e aprofundado desse tema. Uma dessas menções encontra-se numa passagem em que Gramsci está analisando a historicidade dos modos de vida e argumenta da seguinte maneira: "que um modo de viver, de operar, de pensar se tenha introduzido em toda a sociedade porque próprio da classe dirigente não significa por si só que seja irracional e deva ser rejeitado" (GRAMSCI, 1999, p. 258). Em apoio à sua crítica à atitude de rejeição de algo apenas pelo fato de ter sido adotado e difundido pela classe dirigente, Gramsci dá como exemplo o ensino da leitura e da escrita: "ninguém (a menos que seja louco) defenderá que não mais se ensine a ler e a escrever, porque ler e escrever certamente foram introduzidos pela classe dirigente, porque a escrita serve para difundir certa literatura ou para as cartas de chantagem e os relatórios dos informantes" (Gramsci, 1999, p. 259) (M. Duarte, 2022, p. 66).

Concluo, portanto, respondendo às possíveis acusações de eurocentrismo, que não é a origem europeia da obra de Balzac, de Marx, de Engels, de Gramsci, de Lukács, de Heller e de tantos outros que justificaria sua rejeição. A menos, é claro, que estejamos nos deixando dominar inteiramente pela irracionalidade do capitalismo contemporâneo e, nesse caso, será melhor perdermos as ilusões de que estejamos prosseguindo com o debate racional.

REFERÊNCIAS

BALZAC, Honoré de. *Ilusões Perdidas*. São Paulo: Penguin Classics / Companhia das Letras, 2016.

CARVALHO, Dâmaris B. *Balzac e a formação do romance moderno*: uma análise do realismo de Ilusões Perdidas. 2017. Dissertação (Mestrado em Literatura). Instituto de Letras, Universidade de Brasília, Brasília, 2017.

DUARTE, Newton. A catarse na didática da pedagogia histórico-crítica. *Pro-Posições*, Campinas, v. 30, 2019. Disponível em: https://doi.org/10.1590/1980-6248-2017-0035. Acesso em: 10 jan. 2024.

ENGELS, Friedrich. Carta a Margaret Harkness. *In*: MARX, Karl; ENGELS, Friedrich. *Cultura, Arte e Literatura (textos escolhidos)*. 2. Ed. São Paulo: Expressão Popular, 2012. P. 67-69.

GRAMSCI, Antonio. *Cadernos do cárcere*. Volume 1. Rio de Janeiro: Civilização Brasileira, 1999.

HELLER, Agnes. *O cotidiano e a história*. 11. Ed. Rio de Janeiro: Paz e Terra, 2016.

LUKÁCS, György. *Ensaios sobre literatura*. Rio de Janeiro: Civilização Brasileira, 1965.

LUKÁCS, György. *Para uma ontologia do ser social*. Volume 1. São Paulo: Boitempo, 2012a.

LUKÁCS, György. *Marxismo e teoria da literatura*. São Paulo: Expressão Popular, 2012b.

MARINHO, Venâncio J. M. Durkheim e Balzac: a tradição e a modernidade. *Revista Elaborar*, v. 2, n. 1, p. 164-186, 2015.

M. DUARTE, Elaine. C. *A alfabetização como ingresso no mundo da cultura escrita:* contribuições de Antonio Gramsci para os estudos sobre alfabetização na perspectiva da pedagogia histórico-crítica. 2022. 180f. Tese (Doutorado em Educação Escolar) — Faculdade de Ciências e Letras, Universidade Estadual Paulista Júlio de Mesquita Filho, Araraquara, 2022. Disponível em: https://agendapos.fclar.unesp.br/agenda-pos/educacao_escolar/5981.pdf. Acesso em: 10 jan. 2024.

MARX, Karl. *Manuscritos econômico-filosóficos*. São Paulo: Boitempo, 2008.

MARX, Karl. *O 18 Brumário de Luís Bonaparte*. São Paulo: Boitempo, 2011.

RAMOS, Marise N. Pedagogia das competências. Verbete. *In*: *Dicionário da Educação Profissional em Saúde*. Rio de Janeiro, Fundação Oswaldo Cruz. Escola Politécnica de Saúde Joaquim Venâncio, 2009. Disponível em: http://www.sites.epsjv.fiocruz.br/dicionario/verbetes/pedcom.html. Acesso em: 13 jul. 2022.

ROSSI, Rafael; ROSSI, Aline S. Ilusões Perdidas: Educação e Realidade. *Itinerários*, Araraquara, n. 53, p. 141-153, jul./dez. 2021. Disponível em: https://periodicos.fclar.unesp.br/itinerarios/article/view/14150/12504. Acesso em: 10 jan. 2024.

SANCHÉZ VAZQUÉZ, Adolfo. *Ética*. Barcelona: Editorial Grijalbo, 1984.

SAVIANI, Dermeval. *Educação*: do senso comum à consciência filosófica. São Paulo: Cortez/Autores Associados, 1982.

CAPÍTULO 8

QUATRO APONTAMENTOS ENTRE LITERATURAS, POLÍTICAS E ENSINO

JÚLIA STUDART
MANOEL RICARDO DE LIMA

1.

O poeta e cineasta italiano Pier Paolo Pasolini [1922-1975], num pequeno texto que escreveu como uma espécie de abertura a uma reunião de seus poemas, de 1970, ao falar de seu cinema, afirma: "foi como poeta que realizei todos esses filmes". Depois, reposiciona todas as suas questões em torno de um pensamento para a arte, diz ele, como um "problema da minha vida e da minha carne". Essas duas imagens retiradas de Pasolini conversam diretamente, e quase ao mesmo tempo, com alguns procedimentos entre literatura, política e ensino propostos pela crítica e professora portuguesa Silvina Rodrigues Lopes em alguns ensaios reunidos em seus livros "Literatura, defesa do atrito" e "A estranheza-em-comum".

O primeiro, uma reedição que há muito se fazia necessária, intitulado "Literatura, defesa do atrito" (que teve uma primeira edição em 2003), numa parceria das Edições Vendaval, de Lisboa, com um projeto mais abrangente do Coletivo Chão da Feira, entre Lisboa e Belo Horizonte. O segundo, "A estranheza-em-comum", primeiro livro de Silvina publicado no Brasil, pela Lumme Editor, na Coleção Móbile de mini ensaios; coleção que já publicou livros de Raúl Antelo, Edson Sousa, Maria Esther Maciel, Eduardo Sterzi, Marcio Seligmann-Silva, Paula Glenadel entre outros.

2.

Silvina Rodrigues Lopes é professora da Universidade Nova de Lisboa, Portugal, e faz tempo vem se dedicando a uma construção crítica muito corajosa e pertinente em direção às questões da literatura e seus trânsitos nos tempos de agora. A literatura como um jogo dissonante entre os problemas da cultura, da política, do pensamento, do ensino, do comentário, como por exemplo o seu livro de 2005, intitulado "Anomalia Poética". Alguns de seus textos também resvalam para ler com força o que se pode chamar de literatura portuguesa, caso de "Exercícios de Aproximação" (2003), mas sempre tentando escapar a uma condição meramente nacionalista, abrindo e justapondo escritores como Fernando Pessoa, Ruy Belo ou Agustina Bessa Luís a uma rearticulação a-funcional e a-histórica. Depois, rearmando as impossibilidades do sentido e do irreparável em autores como Luis Miguel Nava ou tentando ler de muito perto as variantes imprevistas do texto denso de Maria Gabriela LLansol (comunidade, exceção, ausência de regra, des-possessão etc.).

"Literatura, defesa do atrito" é composto de um conjunto de textos que passeiam sobre o que ela pontua como "um movimento de paciência e inquietação" entre "o que é" arte e "quando há" arte. São dez ensaios provocadores que seguem uma tarefa de interdição, uma "potência de interrupção" numa equação um pouco mais vertiginosa: "o que é *é* quando há", ou seja, "o que é, como é, continua a ser o que importa". Diz ela, a partir de Hannah Arendt, que "ser homem e ser livre são uma só e mesma coisa" e que, nessa salvaguarda da liberdade e numa atenção ao singular, podemos começar a mover a literatura como um gesto que pode "abrir espaços vazios no manto liso da cultura e impedi-la de ser inteiramente dominada pelo emaranhado das trocas sociais". Ao mesmo tempo, num contra-movimento e sem consentir acessos facilitados, afirma que "é preciso impedir que a banalidade que aparece hoje consensualmente como literatura não se arrogue em breve um direito de exclusividade".

Assim, nesse livro, ela segue numa operação entre temas e circunstâncias para recorrer e recriar um sem-número de variações acerca de uma ideia de literatura que salte ao sintoma dos tempos do presente, o de uma "situação dominada pela circulação sem atrito", para possibilitar o "ironismo afirmativo" da literatura — "uma negação atravessada pelo sim da experiência que a constitui" — como o seu amplo e oscilante modo de testemunhar. É exatamente por isso que usa esse apontamento do que chama de uma "defesa do atrito", uma defesa da aderência do corpo da literatura ao mundo e também como uma responsabilidade importante que deve ser assumida com o presente e também com o futuro; o que o filósofo italiano Giorgio Agamben, por sua vez, chama, noutro movimento, de "profanação do improfanável", ou seja, a verdadeira tarefa política da geração que vem.

3.

Chama atenção, entre esses ensaios de Silvina, o que se intitula "A paradoxalidade do ensino da literatura", e que faz muito sentido entre nós quando vivemos uma série de mudanças muito rápidas da escola, da universidade, das humanidades, da pesquisa, do estudo etc. Ela elabora um argumento seguindo uma frase de Nietzsche — "Rio-me de todo o mestre que não se ri de si próprio" —, desdobrando-a em algumas interrogações e afirmativas: "como pode o mestre rir-se de si próprio, se ele se ri de todo o mestre que não se ri de si próprio?", "para que é que se ensina literatura?", "como é que se ensina a literatura?" e "É que o ensino torna exorbitante a questão do que é ser-si-próprio".

É pauta, para ela, que o ensino da literatura se tornou, em grande escala, um mero uso de técnicas e de métodos de aplicação da literatura e que isso, por sua vez, armou uma barreira entre as obras e o mundo, gerando desinteresse e enfado. E aí, coisas como a tecnocratização ou o controle de mercado, que interferem diretamente no ensino da literatura, como um projeto de informação (uma máquina de produção em série) e não mais de formação, desfazem o caráter da literatura como um elemento perturbador da estabilidade do conhecimento do mundo. Caráter que, sabemos, nos move para pensar, mas que não determina o pensamento. Diz ela:

> Aliás, o ensino da literatura, ao mesmo tempo que contribuiu, através da valorização, e por vezes exaltação, do campo literário, para a consolidação das suas instituições, foi por vezes também um dos seus modos de resistência à literatura: ao fazer dela um elemento do seu programa de universalismo abstracto não podia senão rasurar o que nela é, "sempre ainda", circunstância, conjunção de sentido e não-sentido, que a retira do circuito da circulação de tábuas de valores. Basta lembrar como esse ensino tendeu a apoiar-se numa concepção de autoridade enquanto poder superior decorrente do acesso privilegiado à Verdade. [...] Por isso, quando aquele tipo de autoridade se impõe como paradigma da distância entre o autor (ou seus acólitos) e os leitores, o ensino da literatura torna-se um lugar de doutrinação e um dos modos de resistência à crítica da metafísica, quer na sua vertente nietzschiana, como base de um pensar em que o contingente se contrapõe à imutabilidade das essências, quer naquela que tomou o estudo da linguagem comum como objecto principal (Lopes, 2012, p. 90).

Longe de qualquer projeto de doutrinação, a literatura se vincula muito mais ao inacabado e é por isso que, segundo ela, o ensino da literatura nos exige um "tempo próprio, que nada tem a ver com a circulação de informações, um tempo de análise e de construção de perspectivas". Diz, ainda, que ele não pode ser convertido em administração de um capital simbólico ou no adestramento do uso de técnicas, mas sim possibilitar um desenvolvimento constante do conhecimento por dentro da condição paradoxal da literatura: "preparar para a sua própria negação, a negação de ideias feitas, qualquer que seja o seu estatuto". E para isso, nos parece, é importante ter coragem, generosidade e inapropriação.

4.

O livro "A estranheza-em-comum" é um conjunto aberto de três ensaios que, de certa forma, parecem continuar as proposições tratadas em "Literatura, defesa do atrito", ampliando-as a partir de um enfrentamento da ideia que talvez lhe seja a mais cara: a de que a instituição literária, "sob pena de se auto-anular, ao anular aquilo que a separa de outras instituições, não poderia senão existir permanentemente contra si-própria e contra o instituir ele próprio". Intitulados, respectivamente, "A estranheza-em-comum", "A desordem imprevisível da arte" e "Plural, híbrido, heterogêneo", Silvina compõe um norte com esses três ensaios — como aquele proposto por Arnaut Daniel no poema "Aura Amara" que tem uma deliberação política amorosa (na tradução de Augusto de Campos): "só tenho um norte: / morrer de amor / imerso", com esses dois pontos em estado de abertura vigorosa — da e para a literatura como um gesto do "ser-com-os-outros", que o "pensamento da literatura não tenha um fim exterior" e, principalmente, que há na literatura "um impossível sobre-viver, encontro em que a memória única, insubstituível, nasce da memória vinda dos outros, da sua estranheza".

E segue, movendo-se entre sugestões e articulações críticas retiradas de pensadores, poetas e filósofos como Kierkegaard, Jacques Derrida, Jean-Luc Nancy, Bernard Stiegler, Ezra Pound, Fernando Pessoa, Ruy Belo, Jacques Ranciére etc. A literatura comparece como "um direito a dizer tudo, dizer até o vazio, o segredo absoluto" e, ao mesmo tempo, como uma variante que se empenha entre as formas do "híbrido instável"; e a crítica como um desejo de alterar-se que está contido na alteração do mundo e que em nenhum momento coloca-se como subordinada a uma intenção, a uma história ou apenas um desejo. Ela afirma:

> É da sua não-destinação que decorrem as implicações éticas e políticas da poesia, a sua potência transformadora, e também o seu combate por existir, por sobre-viver às muitas maneiras de lhe impor uma finalidade: na organização do trabalho e dos tempos livres, na orientação do desenvolvimento tecnológico e científico, na educação, na organização da subsistência, em síntese, o que releva do económico não é alheio à possibilidade da poesia, entendida aqui como abreviatura do impossível sobre-viver, encontro em que a memória única, insubstituível, nasce da memória vinda dos outros, da sua estranheza (Lopes, 2015, p. 21).

E, mais adiante:

> A relação do homem e das tecnologias sendo cada vez mais a da hibridação que passa pela experimentação tecnológica não pode no entanto ser experimentação do humano, no sentido em que se poderia admitir a hipótese de uma trans-humanidade, ou humanidade superior, um devir deus ou informação infinitamente desterritorializada. Essa seria sempre a hipótese do extermínio através da liquidação da incerteza que sempre persiste no viver-morrer em que se existe, por mais que as próteses se aperfeiçoem. É que essa incerteza é da ordem do sentido, mas não de um sentido: justamente da sua criação na distanciação do que o fixa, o torna algo de positivo e partilhável enquanto tal, afastamento do que dá sentido ao sentido, que é o outro modo de dizer "afastamento dos deuses" e sobretudo do Deus, do Todo-poderoso, do soberano. Do que se trata nas narrativas de construção do "homem artificial" é do Um como ideal do humano: o indivíduo sem divisões, monolingue mesmo que saiba "falar" todas as línguas, pois a sua "fala" seria suportada por um mecanismo de descodificação, e não por aquilo pelo que cada língua só existe atravessada do que a faz única, não-traduzível em absoluto, aquilo pelo que, no limite, se fala sempre em língua estrangeira mesmo na própria língua materna. Do que se trata nessas narrativas é do desejo de anular o corpo como obstáculo à ideia enquanto forma real, verdade, no sentido platónico. Daí que a afirmação de um plural de línguas em cada momento seja tão decisiva para a continuação do mundo (Lopes, 2015, p. 34).

Por tudo isso — da literatura como uma defesa do atrito e como uma estranheza-em-comum — é muito valioso ter um pensamento arejado como o de Silvina Rodrigues Lopes para torcer e retorcer uma ideia entre literatura, política e ensino, por exemplo. Para que, assim, um texto se demore entre a vida e a carne de uma aventura, um pensamento livre, de modo a posicionar nossa tarefa crítica com a arte como uma tentativa plural e heterogênea da política: uma condição impertinente que pode, ainda, quem sabe, "salvar a alegria do diverso".

REFERÊNCIAS

AGAMBEN, Giorgio. *Profanações*. São Paulo: Boitempo, 2007.

LOPES, Silvina Rodrigues. *A estranheza-em-comum*. Lumme Editor: São Paulo, 2013.

LOPES, Silvina Rodrigues. *Anomalia Poética*. Lisboa: Vendaval, 2005.

LOPES, Silvina Rodrigues. *Exercícios de Aproximação*. Lisboa: Vendaval, 2003.

LOPES, Silvina Rodrigues. *Literatura, defesa do atrito*. Belo Horizonte/ Lisboa: Chão da Feira, 2012.

PASOLINI, Pier Paolo. *Diálogo com Pier Paolo Pasolini — Escritos*. São Paulo, Nova Stella, 1986.

CAPÍTULO 9

DO PURISMO VERNÁCULO À DIVERSIDADE CULTURAL: OS USOS DO LITERÁRIO NA ESCOLA

CELDON FRITZEN

Introdução

Quando hoje lemos o documento da Base Nacional Comum Curricular (BNCC), percebemos, no que se refere à abordagem do literário, a frequência com que esse gênero aparece como ponte para a diversidade cultural. Não é o único horizonte para o qual a bússola do documento aponta, pois o termo "humanização" surge também eventualmente como um resultado advindo do contato com a literatura. Dessa forma, diversidade e humanização se conectam na BNCC, uma vez que por aquela compreende-se uma maior abertura e tolerância para com o diferente, o que nos tornaria melhores seres humanos, enfim.

Há um pressuposto, portanto, que é a abertura para esse universo que se chama de diversidade cultural o que seria capaz de nos humanizar, constituindo-se, dessa maneira, o literário mais um componente desse processo, tal como se pode observar na redação de um dos parâmetros de organização do currículo sustentado pela BNCC:

> Diversificar, ao longo do Ensino Médio, produções das culturas juvenis contemporâneas (slams, vídeos de diferentes tipos, playlists comentadas, raps e outros gêneros musicais etc.), minicontos, nanocontos, best-sellers, literaturas juvenis brasileira e estrangeira, incluindo entre elas a literatura africana de língua portuguesa, a

afro-brasileira, a latino-americana etc., obras da tradição popular (versos, cordéis, cirandas, canções em geral, contos folclóricos de matrizes europeias, africanas, indígenas etc.) que possam aproximar os estudantes de culturas que subjazem na formação identitária de grupos de diferentes regiões do Brasil (Brasil, 2018, p. 524).

Trata-se a citação acima de um parâmetro para a organização/progressão curricular dos conteúdos do campo artístico-cultural durante o Ensino Médio. Evidentemente, chama atenção a quantidade de elementos dos mais diversos contextos que ali se sobrepõem numa grande geleia geral a que devemos ser apresentados para que compreendamos a diversidade cultural do país. As diferenças entre categorias — como *best-sellers*, nanocontos, tradição popular e literatura latino-americana, por exemplo — parecem ter menor relevância, produzindo um paradoxal efeito de indiferenciar todos os componentes numa mesma massa: a diversidade cultural.

O que gostaria de desenvolver neste texto é compreender como a diversidade se tornou o horizonte da formação do leitor de literatura na BNCC. Isso porque, na tradição que ocupou no currículo da escola brasileira, a literatura em suas origens teve uma função bem oposta. Antes de tudo, ela funcionou como um pilar do modelo de língua nacional fundado no casticismo. É só mais recentemente que a diversidade — primeiro textual, depois cultural — vem se impondo como novo paradigma de ensino de língua. E esse paradigma, ao fim, o que significa em termos de formação de leitor literário no contexto em que vivemos? Levantar respostas a essa pergunta também é o intento que aqui se deseja realizar.

O paradigma vernáculo da *Antologia Nacional*

Para compreender como o purismo linguístico era o paradigma para o ensino de literatura no Brasil republicano, tomemos como princípio de nossa abordagem a seleta desenvolvida por professores do Colégio D. Pedro II e que se tornou um modelo para outras produções semelhantes do sistema de ensino brasileiro: a "Antologia Nacional", de Barreto e Laet. Sua primeira edição é de 1895 e seu principal mérito foi o de realizar uma mediação entre o paradigma retórico, que vicejava até então, para o histórico-nacional. Dentre os textos literários que circulavam entre as opções de livros escolares anteriores, Razzini (2000, p. 123) afirma que a "Antologia Nacional" faz uso de 69% deles. No entanto, se antes esses textos reutilizados figuravam como modelos retóricos do bem falar, com expressiva participação de clássicos de autoria portuguesa, a seleta de Laet e Barreto se diferenciava por acrescentar literatura brasileira contemporânea a essa massa e ordenar a apresentação dos textos literários começando pelos autores brasileiros. Isso dava destaque ao elemento pátrio, até então encolhido diante da presença portuguesa em outras obras do gênero, porque os estudantes iniciavam a leitura a partir de autores brasileiros e contemporâneos (embora estar morto fosse também critério de admissão na "Antologia Nacional"...). Tudo isso, evidentemente, respondia aos tempos de formação do Estado-nação da Primeira República.

No entanto, a mediação operada pela "Antologia" em favor do paradigma nacional era balanceada pela manutenção do modelo de língua literária vernácula que os clássicos portugueses inapelavelmente representavam. Isso muito se revela em relação ao lugar que o romantismo recebia dentro daquela seleta. Os autores românticos eram exemplos de literatura nacional, mas por vezes também acusados de descuidados na forma, desafeitos ao vernáculo português. Razzini (2000, p. 148), que estudou a história e os pressupostos do livro de Laet e Barreto, assim se põe diante desses juízos:

> [...] [a] *Antologia Nacional* está muito mais próxima do "rigorismo" de José de Castilho do que do "dialeto brasileiro" de José de Alencar, e não podia ser de outra forma nesta época (1895), pois a crença no ensino da língua pura, calcado nos clássicos (e em seus seguidores) e a liberdade ortográfica resultante da falta de normas oficiais internas e de acordos externos (com Portugal), transformavam este tipo de compêndio em repositório de modelos que seriam lidos, recitados, analisados gramaticalmente, imitados, examinados, enfim, estudados e exigidos

> na escola secundária. Mas, enquanto a língua valorizada tinha os mesmos papas dos dois lados do Atlântico, a literatura brasileira contemporânea tinha sido desmembrada da matriz porque havia adquirido feição própria através do tema nacional.

Nacional no conteúdo, mas vernácula na forma. Assim poderíamos, grosso modo, resumir a premissa que animava as escolhas da "Antologia Nacional".

Se podemos entender a época da sua montagem, 1895, sob a influência parnasiana, portanto muito mais afim ao culto do clássico, também podemos compreender como o critério do purismo excluiria o modernismo brasileiro das futuras edições. A "Antologia Nacional" procurava textos cujo vínculo com uma imagem de língua castiça fosse visível em sua maioria. Por isso, o único autor modernista posteriormente admitido na seleção de textos das novas edições foi o comedido Graça Aranha. Essa tendência de seleção de autores a partir do purismo linguístico era hegemônica e pode ser melhor vista em outra coletânea de 1933, inspirada na "Antologia Nacional", de autoria de Clóvis Monteiro, professor também do Colégio D. Pedro II. Trata-se da "Nova Antologia Brasileira":

> Depois do Romantismo, novamente se impôs, entre nós, sobretudo na poesia, com os parnasianos, o respeito e obediência às tradições da língua clássica. Já agora, porém, tendência contrária se vai manifestando: recomeça, mais viva ainda, com o Modernismo, a reação contra a influência da língua literária de Portugal na língua literária do Brasil. Tal reação tem ido ao ponto de se pretender que a língua vulgar suplante, na literatura, a língua culta, esquecendo-se que a nossa língua literária já tem em nosso próprio país as suas raízes. Peca-se, destarte, por excesso de patriotismo mal-entendido.
>
> O que é preciso conseguir-se, na verdade, é que a nossa língua culta se revigore constantemente com a seiva da nossa língua popular, que merece e deve ser estudada com mais carinho pelos filólogos. Haverá sempre no falar do povo, que é onde reside o verdadeiro espírito do idioma, o que aproveitar, sem sacrifício das normas de disciplina a que estão sujeitas em toda parte as línguas literárias (Monteiro, 1933 *apud* Razzini, 2000, p. 243).

As posições de Clóvis Monteiro dão o limite ao nacionalismo da nossa literatura, demarcando o aproveitamento das inovações à manutenção das "normas de disciplina" da língua vernácula. Ou seja, a sua "Nova Antologia Literária" tem como padrinhos ainda um panteão de autores portugueses — Castilho, Herculano, Latino Coelho, Camilo e Cândido de Figueiredo, para mencionar os mais novos, do século XIX.

Ora, por que essa manutenção aparentemente contraditória da identidade do vernáculo na escola, se a diferença nacional da língua tendia ali a se apequenar? Creio que as justificativas para isso sejam menos pedagógicas que sociais. A manutenção do modelo vernáculo não pode ser compreendida sem levar em conta que ele era um fator de diferenciação que foi cultivado aqui como forma de segregação também. A cultura bacharelesca que animou a seleção de textos literários preocupava-se com a preservação de uma língua que distinguisse nossas elites do populacho em geral. A literatura, portanto, esteve nos exemplos com os quais circulou na escola muito tempo associada àquilo que é normativo e distante da oralidade em geral aqui no Brasil. Sendo a escola para poucos, os poucos que a frequentavam se reconheciam na cultura linguística que os textos literários das seletas apresentavam, mantendo a herança distintiva. Isso só virá a ser questionado mais recentemente, quando um outro modelo para o ensino de língua é proposto, em resposta a mudanças que se querem para atender à modernização social dos anos 1970.

A diversidade textual como novo paradigma para o cânone escolar

O critério do purismo linguístico da "Antologia Nacional", que reverberou para outras publicações escolares como a de Clóvis Monteiro, manteve-se até o final dos anos 1960, quando uma nova compreensão da língua desprendida da ortodoxia da correção gramatical ganhou corpo. A última edição da "Antologia", em 1969, é coeva do surgimento de uma outra tecnologia de ensino, os livros didáticos. Afora a diferença em relação à organização mais diretiva na abordagem por meio da proposição de atividades e exercícios, os livros didáticos também começariam a incorporar outros tipos de textos que não somente os literários. Podemos discutir duas razões de fundo histórico que levaram a essa modificação: uma, vinculada à mudança de perspectiva epistemológica em relação à língua; outra, de natureza socioeconômica.

Se antes era uma perspectiva filológica que animava o ensino da língua, agora essa era contestada pela penetração das ciências linguísticas no ambiente acadêmico e seus desdobramentos junto à escola. Apesar da compreensão histórica que a filologia tinha da língua, ela não deixava de estabelecer entre as variantes que poderiam ser observadas alguma que deveria ser considerada como de uso modelar, tal como o juízo acima de Clóvis Monteiro confirma. Os modelos, como sabemos, vinham da literatura, a qual era utilizada como demonstração dos casos exemplares, dos usos a imitar. Daí também muito facilmente se compreende a rejeição que românticos e principalmente modernistas recebiam pela incorporação que faziam das variações linguísticas em seus textos (sem esquecer dos neologismos e experimentalismos estéticos). Porém, para a linguística, de forma geral, podemos dizer que a correção de um uso em relação aos demais não encontra base científica, sendo antes o padrão normativo e as suas variantes sujeitos à valoração menos por sua natureza que pelos contextos de uso. A virada pragmática dos estudos linguísticos fazia da língua, antes que uma verdade a ser imitada, uma dimensão de variedades diatópicas e diastráticas a ser compreendida e manuseada.

Tal virada, porém, deve ser localizada em dois momentos, em duas décadas. Em 1970, a influência é exercida por parte dos estudos estruturalistas, com Jakobson tendo uma forte presença nos livros didáticos de Comunicação e Expressão em Língua Portuguesa. A partir de 1980, é a influência da Linguística em diferentes frentes que ganha evidência. Magda Soares (2004, p. 171) assim se posiciona sobre esse momento:

> Talvez essa contribuição das ciências linguísticas ao ensino de português seja a característica fundamental que a disciplina *português* assume a partir dos anos 1980. Introduzidas nos currículos de formação de professores a partir dos anos 1960 — inicialmente,

> a *linguística*, mais tarde, a sociolinguística, ainda mais recentemente, a psicolinguística, a linguística textual, a pragmática, a análise do discurso —, só nos anos 1980 essas ciências chegam à escola, "aplicadas" ao ensino da língua materna". E são várias as interferências significativas delas na disciplina Português, todas ainda em curso.

Além das novas perspectivas epistemológicas em relação à língua, o processo de modernização vivido no país também impulsionou mudanças na Educação Básica. A década de 1970 foi marcada por uma expansão da oferta de ensino, com novas levas da população, antes excluídas, agora chegando e permanecendo mais tempo na escola. Ao expandir a oferta visava-se proporcionar um aumento da escolaridade à população, de maneira que ela pudesse ser instrumentalizada minimamente de modo a poder operar junto às necessidades econômicas modernas, vinculadas à indústria, abrigadas nas cidades. Ora, a massificação da oferta de ensino também fez com que as tecnologias de ensino se adequassem, apresentando a diversidade de textos do cotidiano como matéria a ser explorada, aproximando o domínio da língua às necessidades de comunicação social, tornando a escola porosa à variedade de manifestações culturais do país, quebrando a hegemonia da cultura bacharelesca a que servia o cânone literário até então (Zilberman, 1991).

Sob esse último aspecto, embora essa flexibilização comprometesse a supremacia da literatura como texto modelar para o ensino da língua, ela, porém, abriu caminho para a incorporação pela escola de autores mais recentes e contemporâneos. Os modernistas, por exemplo, entravam finalmente nos livros didáticos na medida em que o coloquialismo que professavam aproximava-se da língua dos novos segmentos sociais a frequentar a escola.

Porém, tal abertura para a incorporação dos textos modernistas nos livros didáticos a partir dos anos 1970 é um aspecto de menor vulto diante do critério não mais de distinção vernácula, mas de pragmatismo da comunicação que constituirá o paradigma de ensino da Língua Portuguesa. É o momento em que a imagem da literatura como modelo de língua é substituída pela investigação da diversidade textual que habita o mundo das mídias cotidianas (cartuns, propaganda, HQs, artigos de revista etc.), abrindo-se o campo da disciplina para a exploração do não-verbal também. A partir dos anos 1980, renovada pela influência dos estudos bakhtinianos, essa diversidade textual, como sabemos, receberá a categoria de gênero como seu princípio organizador. Nesse contexto, o que ocorre com a literatura na escola do ponto de vista de sua justificativa enquanto componente do ensino de língua portuguesa?

De modo geral, podemos dizer que ela se instala num limbo, flutuando sua permanência na Educação Básica um pouco por força inercial da tradição de seu ensino, um pouco por adaptações ao novo paradigma, sempre num quadro precário de justificativa autônoma e suficiente. Isso pode ser observado se percebermos o papel institucional que a ela foi reservado ao longo das últimas décadas.

Primeiramente, em relação à inércia, pensemos na força que o secular vestibular impôs para sua permanência. A ampliação de vagas no ensino secundário a partir da década de 1970 fez com que a busca pelo ensino superior se ampliasse com os exames seletivos tornando-se o filtro para esse intento. Entre os conteúdos solicitados pelos exames esteve a literatura e sob a perspectiva de abordagem que a Reforma Capanema do Estado Novo lhe dera: a história literária. Nessa perspectiva, operava tanto a preservação do modelo vernáculo, na medida em que por ela se compreendia a formação da nossa língua desde o trovadorismo português — que com Capanema torna-se conteúdo escolar (Razzini, 2000) —, como também por ela se figurava um modo de consolidar a nossa consciência nacional. Enfraquecida a visada purista sobre a língua, a história literária mantinha-se ainda assim como referência para os estudos de literatura, por um lado, pela exigência institucional dos vestibulares; por outro, pelo amparo da ideologia nacionalista.

Todavia, a justificativa nacionalista, que se inseria no projeto nacional-desenvolvimentista tanto no campo progressista como entre os ideólogos da ditadura militar, também começará a perder força. Externamente, os questionamentos surgem pela globalização que, a partir do fim do socialismo soviético, se impôs como nova fronteira, diluindo as da nação.

Internamente, somam-se a essa fragilização os debates que denunciavam o critério elitista daquele panteão nacional, originando a representação da diversidade como novo critério de composição do cânone. Antes, a virada comunicativa havia promovido a diversidade textual na aprendizagem, embasada na justificativa de que a formação deveria fazer com que o estudante soubesse compreender e produzir textos em situações diversas de uso. Mais recentemente, os debates literários começaram a discutir a ausência de representação da diversidade no cânone literário que a nossa história literária ergueu. Assim, o argumento da manutenção do cânone literário na escola enquanto documento estético de nossa formação nacional defendida pela história literária oitocentista foi corroído cada vez mais pela defesa da diversidade, seja na forma de diversidade textual, seja na forma de representação plural.

Nesse novo cenário em que a categoria de nacional é marginalizada pelo advento da globalização associado ao debate sobre a diversidade, é nele que a história literária, tal como era praticada em nossa tradição escolar e abordada nos exames vestibulares, perde prestígio (embora nunca tenha sua presença deixado de assombrar inercialmente as salas de aula e os documentos oficiais de Língua Portuguesa, como veremos). Um prestígio, diga-se de passagem, que há muito o novo paradigma da virada comunicativa havia questionado quando criticava a perspectiva filológica no ensino da língua a partir da ênfase no sistema gramatical, já que, para o novo paradigma, a compreensão dos usos da língua em contextos de uso é o princípio organizador da aprendizagem. Ora, nesse novo paradigma em que a comunicação como móvel e a diversidade como horizonte se impunham, tratava-se também então de estabelecer usos para a literatura na escola que não mais de modelo gramatical ou de patrimônio nacional. Tratava-se de adaptar a literatura ao novo paradigma comunicacional, portanto. Vejamos como isso se operou por meio da interrogação dos documentos oficiais sobre a área de Língua Portuguesa até chegar novamente à BNCC de onde partimos. Observemos como é possível perceber ali a construção de um debate que busca estabelecer razões para a literatura na Educação Básica: antigas, algumas; novas, outras.

Por que literatura? Os debates nos parâmetros curriculares nacionais

Partilhando o espaço com outros textos do cotidiano, qual a função que a literatura desempenharia na aprendizagem? Voltado o ensino da língua para instrumentalizar o estudante no uso social da língua em diferentes contextos, para que serviria a leitura de literatura? Qual sua diferença em relação a outros textos? Como se trabalhar essa possível diferença na formação?

Depois da superação do paradigma vernáculo que justificava a literatura como substância do cânone escolar, essas questões atravessaram os Parâmetros Curriculares Nacionais (PCN) e nos apresentaram diferentes perspectivas ao longo da publicação dos documentos correlatos. De um lado, o campo textual tornara-se, com a virada comunicativa, mais aberto à diversidade; por outro, essa abertura era feita também de modo a acomodar um público que possuía e praticava diferentes formas de cultura e de língua. Tornada, aparentemente falando, a escola pública mais democrática e menos elitista, o ensino de literatura carecia de encontrar novas justificativas para sua manutenção diante de segmentos sociais que buscavam não mais o bacharelismo praticado pelos privilegiados de antes, mas a promessa de mobilidade social[1].

Diante disso, pode-se observar que a literatura é objeto de reiteradas e cambiantes declarações quando acompanhamos os documentos oficiais da Educação Básica. Os PCN do Ensino Fundamental II mostram já um pouco dessa indefinição. Nesse documento, podemos dizer que estamos a meio caminho entre uma concepção de abordagem literária herdeira da história literária e outra, marcada pela distinção e potencialidade do literário em

1 Deve-se aqui frisar que, a despeito do objetivo de ensino ser distintivo e normativo no que se refere ao uso da língua, isso não significa que a literatura não possa ter sido vivenciada como experiência estética mesmo assim por muitos estudantes que tomaram contato com os textos divulgados na escola, mediados pela reflexão de professores qualificados. O relato de tantos escritores da nossa literatura demonstra essa dimensão resistente que opera na leitura literária, transgredindo os objetivos oficiais.

relação a outros tipos de textos. Por exemplo, na seção "Valores e atitudes subjacentes às práticas de linguagem", que demarca o que deve ser posto como horizonte a desenvolver junto aos estudantes, lemos, entre os pontos pleiteados, um desiderato que se pode reconhecer derivado da matriz histórico-literária: o "interesse pela literatura, considerando-a forma de expressão da cultura de um povo" (Brasil, 1998, p. 64). Porém, em outra seção, "A especificidade do texto literário", são razões novas de outra ordem que nos são apresentadas para a justificação da literatura na escola. Ela seria um tipo de texto que, por meio da ficção, pode reelaborar o modo como compreendemos a realidade, pois "[...] enraizando-se na imaginação e construindo novas hipóteses e metáforas explicativas, o texto literário é outra forma/fonte de produção/apreensão de conhecimento" (Brasil, 1998, p. 27). Ainda estritamente do ponto de vista linguístico, o texto literário se justificaria por explorar as potencialidades de sentido da língua para além da mera comunicação e expressão cotidianas, o que faria dele uma forma de experimentar o uso estético da língua. As propriedades singulares dos textos literários se mostrariam muito mais significativas em termos de objetivos de aprendizagem que a tradicional abordagem como modelo para imitação gramatical ou de incorporação de valores morais, ainda criticam os PCN para o Ensino Fundamental II.

Contudo, embora a seção "A especificidade do texto literário" apresente uma discussão promissora sobre as potencialidades da literatura na formação, ela não se desdobra articulada de maneira sistemática no documento, seja na abordagem da leitura, seja nas práticas envolvendo textos orais e escritos, ou ainda na reflexão sobre os usos da língua. Ela acaba por se tornar uma seção que ambiguamente marca a diferença do literário em relação à diversidade textual da comunicação cotidiana, ao mesmo tempo que isola tal diferença, pois não é retomada em outras seções que explorem possibilidades efetivas de combinação e manejo. Dessa forma, suas singularidades ali referidas tendem a se tornar curiosidade, esvaziadas suas potencialidades enquanto objeto de interrogação e aprendizagem da língua. Esse procedimento, em geral dúbio com relação ao texto literário, podemos ver nos documentos posteriores para o Ensino Médio também.

Quando os Parâmetros Curriculares para o Ensino Médio (PCNEM) são publicados, eles não mais retomam essa especificidade da literatura referida nos PCN acima (forma de conhecimento por meio da experiência estética). Antes, voltam-se à crítica de seu tradicional ensino e, contraditoriamente, condenam e reproduzem a abordagem da história literária. Quando condenam, sua base para isso parte da valorização da "natureza social e interativa da linguagem" (Brasil, 1999, p. 18). Nessa perspectiva, dever-se-ia superar aquela dicotomização entre língua e literatura, compreendendo essa como diluída na área de leitura, e, aquela, dentro da grande área de Linguagens, Códigos e suas Tecnologias[2]. Nessa perspectiva, os PCNEM reforçam o atendimento da comunicabilidade social dos alunos como prioritário na formação.

Quando admitida a literatura, é não mais a partir da história literária, mas como representação sociocultural da diversidade brasileira. Segundo os PCNEM, o contato com a verbalização simbólica de diferentes identidades seria também propiciado pela literatura, tal como o exemplo de Guimarães Rosa ilustraria:

> [...] procurou no interior de Minas Gerais a matéria-prima de sua obra: cenários, modos de pensar, sentir, agir, de ver o mundo, de falar sobre o mundo, uma bagagem brasileira que resgata a brasilidade. Indo às raízes, devastando imagens preconceituosas, legitimou acordos e condutas sociais, por meio da criação estética (Brasil, 1999, p. 20).

---

2 Críticas ao desprestígio que a linguagem verbal recebe quando diluída na área de Linguagens, Códigos e suas Tecnologias podem ser lidas em Perrone-Moisés (2006). Ainda sobre isso e mais curiosamente ainda — porque é um suporte teórico dos PCN —, são as considerações de Bakhtin (Volochínov) (2010, p. 38) sobre a primazia da palavra no estudo das ideologias: "A palavra acompanha e comenta todo ato ideológico. Os processos de compreensão de todos os fenômenos ideológicos (um quadro, uma peça musical, um ritual ou um comportamento humano) não podem operar sem a participação do discurso interior. Todas as manifestações da criação ideológica — todos os signos não-verbais — banham-se no discurso e não podem ser nem totalmente isoladas nem totalmente separadas dele".

Ou seja, é na perspectiva de texto exemplar das variantes linguísticas e culturais, enquanto voz de identidades diversas, que a literatura encontraria sua utilidade na escola. Também, ao defender a participação dos estudantes, o cânone literário é contestado a partir do ponto de vista dos alunos, os quais questionam a sua autoridade, em uma passagem célebre e muito criticada (Osakabe; Frederico, 2004).

Porém, quando o mesmo documento se refere às competências e habilidades que se deve estimular junto aos estudantes, encontramos a antiga defesa da perspectiva histórico-literária antes condenada: "Recuperar, pelo estudo do texto literário, as formas instituídas de construção do imaginário coletivo, o patrimônio representativo da cultura e as classificações preservadas e divulgadas, no eixo temporal e espacial" (Brasil, 1999, p. 14). Em suma: o que antes se recusava, contraditoriamente, depois se reintroduz.

Três anos depois, os PCNEM+ são lançados e com eles se procura superar essas contradições apontadas nos PCNEM em relação à abordagem literária. Nesse documento, ao tratarem da disciplina de Língua Portuguesa, define-se língua como patrimônio cultural de que nos apropriamos ao dela fazer uso. Isso dá margem para que a perspectiva da história literária seja retomada e de fato é o que vemos nesse documento, a despeito de sua anterior e parcial condenação nos PCNEM:

> A língua, bem cultural e patrimônio coletivo, reflete a visão de mundo de seus falantes e possibilita que as trocas sociais sejam significadas e ressignificadas. No domínio desse conceito está, por exemplo, o estudo da história da literatura, a compreensão do dinamismo da língua, a questão do respeito às diferenças lingüísticas, entre outros (Brasil, 2002, p. 66).

Vê-se que junto com a perspectiva da expressão da diversidade linguístico-cultural, antes valorizada pelos PCNEM, agora a história literária é mais uma vez resgatada porque auxiliaria na compreensão tanto da variação dinâmica da língua como também dos valores que seu patrimônio possui. Daí que, entre as competências e habilidades que o aluno deve desenvolver em Língua Portuguesa, encontramos: "identificar obras com determinados períodos, percebendo-as como típicas de seu tempo ou antecipatórias de novas tendências" (Brasil, 2002, p. 65). Ou seja, a perspectiva da diversidade cultural que a literatura deveria ilustrar convive imperturbável com a tradição periodológica da história literária.

As Orientações Curriculares para o Ensino Médio (OCEM), dadas à luz em 2006, realizam a crítica dessa indefinição do literário no Ensino Médio. As OCEM retomam o percurso histórico da literatura no currículo e tentam superar o paradigma da história literária que os PCNEM ousaram, mas não o fizeram. Critica-se a tradição bacharelesca que, amparada no paradigma vernáculo, animou o ensino de literatura no Brasil, servindo seus textos antes "[...] apenas como objeto de culto; culto do estilo, do 'bem escrever' e até mesmo do exagero retórico de alguns escritores; ou, então, apenas como suportes das análises sintáticas e morfológicas" (Brasil, 2006, p. 51). Para superar essa tradição, o documento recupera e avança na discussão iniciada nos PCN sobre a natureza específica do texto literário. Enfatizando uma concepção humanista e de contraposição à reificação no mundo da mercadoria, as OCEM justificam a presença da literatura na Educação Básica pelo exercício de liberdade e crítica que a fruição estética permitiria. Por que estudar literatura? Porque é um texto de natureza menos pragmática que os demais e cuja experiência permite o exercício da liberdade, responde o documento.

Mas, diante da questão do lugar da literatura em relação à diversidade textual, como se posicionam as OCEM? Como a distinção da literatura convive com a valorização da pluralidade que a virada comunicativa efetivou?

Sempre respaldada pelos argumentos de Antonio Candido em "O direito à literatura" (1995), as OCEM admitem o convívio com a diversidade textual como uma realidade, mas reforçam a formação literária como um processo que habilita hierarquizar os textos. Na perspectiva da superação da condição de reificação humana, é a "[...] demasiada tolerância relativamente aos produtos ditos 'culturais', mas que visam somente ao mercado" (Brasil, 2006, p. 56) que é visada naquele documento. Isso implica que os textos de consumo sejam postos como de valor menor, sem o mesmo grau de elaboração estética que deve ser objeto da formação:

> Qualquer texto escrito, seja ele popular ou erudito, seja expressão de grupos majoritários ou de minorias, contenha denúncias ou reafirme o *status quo*, deve passar pelo mesmo crivo que se utiliza para os escritos canônicos: Há ou não intencionalidade artística? A realização correspondeu à intenção? Quais os recursos utilizados para tal? Qual seu significado histórico-social? Proporciona ele o estranhamento, o prazer estético? (Brasil, 2006, p. 57)

Vê-se que é a diferença estética contextualizada politicamente o critério para hierarquizar os textos. O cânone teria valor distintivo, portanto, devido ao efeito de estranhamento produzido, poderíamos concluir, enquanto que a cultura de massa nos poria diante de uma experiência dócil, sem questionamento da linguagem e do mundo que ela perfaz. Isso nos faria encontrar uma função para a literatura na perspectiva da negatividade que ela desempenharia no mundo da cultura, no exercício da liberdade que ela tornaria possível pela imaginação crítica do mundo e de nós próprios.

Ao propor uma distinção do literário em relação aos demais textos amparados pela experiência estética do estranhamento em relação ao esvaziamento da linguagem na comunicação pragmática, as OCEM também receberam críticas. Isso porque nessa distinção há também, além da diferença, hierarquização, valoração. É como se houvesse um campo das fáceis leituras juvenis e dos *best-sellers* e outro da "[...] leitura de obras diferentes desse padrão – sejam obras da tradição literária, sejam obras recentes, que tenham sido legitimadas como obras de reconhecido valor estético" (Brasil, 2006, p. 70). Seria esse segundo campo, legitimado pela crítica como digno de merecimento, que deveria ser oferecido ao estudante, porque a partir dele se descortinaria possível uma "outra forma de conhecimento de si e do mundo" (Brasil, 2006, p. 70).

Ora, nada garante que as obras por si sós seriam capazes de se constituir nessa estranheza transformadora do leitor e do seu mundo sem um processo investigativo-interpretativo que as constitua como tal. Não que as OCEM nada digam sobre isso, sobre o ato de ler como dimensão constituinte da experiência estética e, por conseguinte, instância de produção de juízos. Há referências à Estética da Recepção e ao arco entre leitor vítima e leitor crítico de Umberto Eco, por exemplo, que apontam: para a leitura como ato de concretização do texto literário; para o leitor como paciente de efeitos da linguagem e agente decifrador de seus mecanismos. Todavia, as críticas endereçaram-se à sugestão das OCEM de que há um valor inquestionável em algumas obras, o cânone, sem necessidade de verificação crítica do ato institucional que as valorou[3]; ou mesmo que, em termos de formação autônoma, o próprio ato de ler criticamente as obras seja mais decisivo para a valoração delas do que o juízo institucional previamente favorável[4].

Para buscar o começo no fim

A diversidade textual como objeto para a aprendizagem da língua a partir dos anos 1970, como vimos, fez sucumbir o prestígio da literatura como pilar do paradigma de ensino vernáculo. Sua manutenção ainda se fez por inércia com a perspectiva da história literária. A partir dos PCN (1998), mesmo que tangencialmente, começam a surgir novas justificativas que

3 "[S]e, para alguns, a leitura de obras não consagradas é o rebaixamento do ensino, por outro lado, o cânone também confirma e forja um esquema centrado num sistema de valor que não é questionado pelo aluno e muito menos discutido em seus critérios de valoração, permitindo a reflexão. Além disso, se o objetivo é a 'dimensão formativa do leitor' e uma 'fruição mais apurada', não nos parece que só os clássicos conseguem mobilizar essa formação; ao contrário, quanto mais diversificado e problematizado for o modelo estático da literatura para o aluno, mais competência terá para desenvolver o pensamento crítico" (Segabinazi, 2016, p. 69).

4 "[A]s OCEM dedicam muitas de suas páginas a uma categoria que, no fim das contas, flerta com aquele mesmo mundo de meios e fins com que a literatura romperia: a escolha ou seleção dos textos. Trata-se de uma questão sem dúvida importante e que merece o devido debate, porém, neste volume, compreendemos que uma descrição consistente da ideia de postura pode paralelamente responder a muitas das perguntas que aparecem sob o signo liberal de escolha — o impasse em torno da seleção ou não de *best-sellers* para a aula de literatura, por exemplo, apresenta-se como um falso problema, uma vez caracterizada a postura na relação com a produtividade do objeto" (Durão; Cechinel, 2022, p. 68).

passavam pela exploração de seu potencial cognitivo a partir do uso estético da língua. Os PCNEM e PCNEM+ hesitaram entre a diluição da literatura nas práticas de leitura, sua denúncia como instituição excludente, sua permanência como perspectiva de compreensão do patrimônio cultural. Diante dessas contradições, as OCEM sugeriam, apesar das indefinições, um movimento no sentido de compreender a literatura e a arte pelo seu potencial de negatividade, como formas capazes de questionar o valor das ações no mundo, incluindo o valor de si próprias.

Dito tudo isso, recuperado o percurso das funções da literatura na escola, visto essa evolução em que o purismo é superado pela diversidade como princípio do ensino de língua, podemos dizer que, na BNCC, estamos em terreno oposto aos horizontes do paradigma do ensino purista da língua e sua homogeneização nacional. Nela, destaca-se o papel da literatura enquanto veículo de abertura para a diversidade cultural, intentando com isso um efeito de humanização interiorizado pelos estudantes no processo. Trata-se de uma premissa que a BNCC incorpora e divulga e que aparentemente mostra-se simpática mesmo a críticos dela (Amorim; Souto, 2020). É a diversidade, como moldura do literário, que agora gostaria de abordar, buscando situar o contexto de sua emergência e o seu uso dentro da BNCC. Na sequência desta seção, primeiro, localizarei a Base dentro da perspectiva neoliberal de educação; depois, situarei o conceito de diversidade à luz de sua apropriação pela instância do mercado; por fim, problematizarei o esvaziamento a que a literatura pode ser submetida quando reunida a uma perspectiva de humanização neoliberal.

A teoria das competências

Não obstante a instabilidade política durante a qual foi promulgada, a BNCC manteve uma solução de continuidade com os PCN, na medida em que faz da teoria das competências seu princípio organizador. Por competência, devemos entender a capacidade de pôr em movimento conhecimentos, habilidades, técnicas e juízos para resolver problemas em contextos específicos. As competências, por sua vez, expressam-se em habilidades que devem ser asseguradas na aprendizagem dos estudantes ao longo da Educação Básica. Elas são como metas que dizem respeito aos diferentes objetos de conhecimento que carecem de ser dominados no processo formativo. Do ponto de vista prático, as habilidades são um fazer que indicaria o domínio do conhecimento e, decorrente dessa evidência, passível de verificação, de checagem acerca de sua apropriação pelo estudante em testes de avaliação. A BNCC é um horizonte de competências que se persegue pela incorporação de habilidades que se podem mensurar a fim de avaliar a eficiência do processo educativo no que se refere à consecução das metas (Cechinel, 2019).

Vê-se que é um modelo de formação que se baseia numa concepção pragmática e utilitária de educação, vinculado aos contextos de reorganização da escola ao mundo do trabalho e patrocinado por várias organizações mundiais (Laval, 2019; Cosson, 2021). Tais políticas educacionais se oferecem como remédio neoliberal aos efeitos neoliberais da globalização econômica: sendo atualmente o mundo do trabalho frequentemente instável em decorrência das mutações tecnológicas, das fusões de conglomerados e dos movimentos multinacionais de busca de mão de obra mais barata, entre outras razões, tornar o trabalhador mais capaz de se adaptar a tais transições, respondendo logo e eficazmente às novas demandas, responsabilizando-se ele mesmo por isso, põe-se como um desiderato de Estados e empresas.

Se a teoria das competências fornece o terreno sobre o qual a BNCC propõe seus horizontes de formação, no que se refere à concepção de aprendizagem de Língua Portuguesa, a perspectiva que nos é apresentada é a "enunciativo-discursiva de linguagem" (Brasil, 2018, p. 67)[5]. Trata-se de uma abordagem da linguagem que, a despeito da criticidade que demonstra quanto à compreensão e ao uso contextualizado dos atos de comunicação, encampa também um pragmatismo que enfatiza a aprendizagem do domínio das modalidades discursivas na sua adequação às diversas situações sociais. Os gêneros discursivos seriam objetos de

5 Uma abordagem acerca da perspectiva enunciativa-discursiva da língua, situando sua formação e consolidação no Brasil a partir de Bakhtin, bem como uma crítica ao seu pragmatismo, pode ser vista em Simões e Cosson (2020).

conhecimento perseguidos pela abordagem "enunciativo-discursiva de linguagem", por exemplo. A aprendizagem da língua, assim, reforça a identificação e o uso dos diferentes protocolos que as diversas situações sociais de comunicação podem solicitar.

Num passo à frente, a diversidade cultural é valorizada como um horizonte a que o estudante deve ser apresentado de modo a respeitar também as identidades que se expressariam em outras variantes linguísticas e, pragmaticamente, se apropriar e usar os gêneros em que a diversidade se manifesta. Compreender e usar os diferentes tipos de textos nos contextos sociais de uso articula-se com uma compreensão aberta de cultura, em que as diversas manifestações no tempo e espaço são apreciadas a partir de uma visada que não as hierarquiza, mas que busca indistintamente respeitar o valor intrínseco que possuem.

Diversidade e seus usos

Numa primeira avaliação, a diversidade como horizonte formativo parece nos chegar positivamente, fazendo-nos compreender que a convivência num mundo atravessado por diferentes culturas e modos de ser é antes de tudo uma riqueza a preservar. Isso porque a diversidade vem se constituindo num novo ideal de nossos tempos, superando a universalidade iluminista. Na história da Antropologia, por exemplo, a diversidade vai sendo paulatinamente contraposta ao etnocentrismo, na medida em que as críticas à ideologia do progresso e da civilização ocidental ganharam corpo a partir da constatação de que não há um critério objetivo e universal para se hierarquizar as culturas numa linha evolutiva que parta do primitivo para o civilizado sem omitir o relativismo dos juízos. Como diz Renato Ortiz (2015, p. 10), hoje "o diverso se torna um ideal e o uno, uma maldição".

Todavia, o mesmo Ortiz (2015) nos lembra que, embora haja uma sugestão de convivência resolvida, o termo diversidade não implica numa pacificação das tensões históricas. O discurso da tolerância carrega, é claro, uma crença talvez inocente na possibilidade de um abraço fraternal e definitivo entre desafetos identitários, subjetivando os conflitos, fazendo supor que sua resolução é uma questão de atitude pessoal antes de tudo. Ora, os conflitos sócio-políticos têm uma poderosa história que não se desarma tão facilmente. Mesmo os discursos de ódio não ganhariam a luz midiática se não estivessem enraizados de maneira latente em eventos sociais de exploração, trauma, frustração, ressentimento etc. Por isso, o próprio Renato Ortiz (2015) nos lembra que, embora seja um ideal contemporâneo em relação ao uno, a diversidade supõe um mal-estar pelo potencial conflitivo que ela em si encerra, quando pensamos na organização de um destino comum num mundo globalizado. Ao apresentar a diversidade como uma riqueza que se deve respeitar e cultivar, faz-se isso, porém, muitas vezes — como na BNCC — numa perspectiva subjetiva, que toma o indivíduo como paciente e agente de um aprendizado da tolerância para com o outro. Ora, essa postura retira, à noção de diversidade, as contradições objetivas que lhe são próprias quando a situamos em contextos históricos, sociais, econômicos. Nessas situações, a diversidade apresenta conflitos cuja resolução em muito supera uma subjetiva boa vontade:

> As interações entre as diversidades nada têm de arbitrárias. Elas exprimem os conflitos manifestos nas situações históricas concretas (países fortes *versus* fracos; transnacionais *versus* governos nacionais; civilização "ocidental" *versus* mundo islâmico; Estado nacional *versus* grupos indígenas). Como corolário desse argumento, pode-se dizer que as diferenças também escondem relações de poder. [...] Por isso, é importante compreender os momentos em que o discurso sobre a diversidade oculta questões como a desigualdade — sobretudo diante da insofismável assimetria entre países, classes sociais e etnias (Ortiz, 2015, p. 33).

Além disso, não se pode deixar de lembrar o quanto a noção de diversidade deixou de ser uma bandeira de contestação para ser absorvida como um componente das estratégias de mercado. Num mundo globalizado, a expansão concorrencial tem de compreender os novos públicos a que as mercadorias serão oferecidas de modo a customizá-las. O marketing pode se tornar étnico, feminista, favelado, pode se assumir qualquer coisa em busca de agradar a diferença do freguês. Ou seja, a diversidade foi adaptada ao mercado, fazendo do reconhecimento das diferenças um modo de atender a nichos de consumidores. Assim, a atenção à diversidade torna-se uma abertura para o outro em vistas da repetição do mesmo[6].

A humanização neoliberal

Voltando à expressão neoliberal da educação na BNCC, penso que a diversidade também é instrumentalizada para a adaptação dos educandos às novas necessidades do mercado de trabalho. Dentro da teoria das competências acionada pela BNCC, ela se constitui como um horizonte que reforça a lógica de produção e consumo de mercadorias por parte dos indivíduos antes que se ofereça como um contraponto: tudo se torna informação com que se pode posicionar-se no mercado de mídias digitais e quejandos.

No que se refere à literatura, ponto que aqui nos interessa, trata-se de dar um objetivo formativo à abordagem literária numa escola que deve privilegiar o contato com a diversidade textual demandado pelo mundo digital de hoje. A meta com ela é a de que os estudantes, ao longo da formação na Educação Básica, se constituam em "leitores-fruidores", ou seja, leitores "que não apenas compreenda[m] os sentidos dos textos, mas também que seja[m] capaz[es] de frui-los" (Brasil, 2018, p. 156) e de justificar seus gostos e juízos com outros leitores-fruidores. Nessa empreitada formativa, é a exposição à diversidade cultural, portanto, que se mostra como estratégia pela qual a realização desse referido sujeito leitor virá a dar-se:

> Da mesma maneira, imbricada à questão dos multiletramentos, essa proposta considera, como uma de suas premissas, a diversidade cultural. Sem aderir a um raciocínio classificatório reducionista, que desconsidera as hibridizações, apropriações e mesclas, é

---

6 Para uma noção dos processos de apropriação e uso da noção de diversidade no capitalismo global, veja-se o capítulo "Diversidade e mercado" da mesma obra (Ortiz, 2015).

> importante contemplar o cânone, o marginal, o culto, o popular, a cultura de massa, a cultura das mídias, a cultura digital, as culturas infantis e juvenis, de forma a garantir uma ampliação de repertório e uma interação e trato com o diferente (Brasil, 2018, p. 70).

Ora, apesar de aparentemente desinteressada, a dimensão pragmática que sustenta a teoria das competências e de certo modo direciona a abordagem "enunciativo-discursiva de linguagem" acaba por emoldurar a literatura também numa concepção utilitária dessa ordem, apesar de textualmente a negar. Vejamos isso.

Quando se aborda o campo artístico-literário, por exemplo, o termo "fruição" é empregado pela BNCC num espectro semântico confuso, em que a estesia em relação aos textos literários se exerceria em favor de uma superação da leitura utilitária de literatura, implicando o leitor no jogo do texto, em seus desvendamentos: enleado na experiência do texto literário, abre-se espaço à "dimensão humanizadora, transformadora e mobilizadora" dele (Brasil, 2018, p. 138). Logo abaixo se explica o que vem a ser a humanização atingida com o desenvolvimento das competências e habilidades do campo artístico-cultural:

> Por fim, destaque-se a relevância desse campo para o exercício da empatia e do diálogo, tendo em vista a potência da arte e da literatura como expedientes que permitem o contato com diversificados valores, comportamentos, crenças, desejos e conflitos, o que contribui para reconhecer e compreender modos distintos de ser e estar no mundo e, pelo reconhecimento do que é diverso, compreender a si mesmo e desenvolver uma atitude de respeito e valorização do que é diferente (Brasil, 2018, p. 138-9).

Quais os efeitos disso? Que tipo de reflexos essa concepção de defesa da diversidade cultural produz na experiência com o literário proposta pela BNCC? Sua defesa se ampara no pressuposto de que é o contato e a tolerância com o diferente que nos transforma, humanizando-nos. Bem, em princípio chama atenção que o texto de Antonio Candido (1995) sobre a literatura e os direitos humanos, que no cenário brasileiro ganhou tanta repercussão, receba uma interpretação a bom-mocismo, suprimindo que em sua discussão sobre a humanização há algo de incontrolável na experiência da leitura literária[7].

Ora, há um lado dionisíaco na experiência da fruição, para retomar o termo da BNCC, que não nos faz necessariamente sujeitos melhores "segundo os padrões oficiais". No documento, humanização e diversidade são sempre compreendidas como algo desejavelmente bom. Porém, a experiência estética não nos oferecerá necessariamente "um bem" ao final do percurso e esse acaso tanto se mostra mais valioso quanto pode se tornar por isso mesmo uma forma de transgressão aos mesmos "padrões oficiais". A humanização proposta por Candido (1995), quando apropriada pela BNCC, faz suspender a sua perigosa dimensão de contato com o imprevisível, domesticando-a, instrumentalizando-a. Da mesma forma, a abordagem da diversidade como valor inquestionável também priva a literatura de sua autonomia, impondo-lhe um papel de guardiã ou gestora da tolerância com o diferente, às custas de suspender seu ser de irredutível alteridade.

Voltando à expressão neoliberal da educação na BNCC, penso que a diversidade é instrumentalizada para a adaptação dos educandos às novas necessidades do mercado de trabalho. A discussão das desigualdades e o esgarçamento do tecido social pelas necessidades de adaptação constante ao mercado ficam como que encobertos pela noção de tolerância com o diverso que cada um deve em si construir como forma de transformar o mundo, "humanizando-o", pelo contato com a literatura[8].

---

7 "[U]m conflito entre a ideia convencional de uma literatura que eleva e edifica (segundo os padrões oficiais) e a sua poderosa força indiscriminada de iniciação na vida, com uma variada complexidade nem sempre desejada pelos educadores. Ela não corrompe nem edifica, portanto; mas, trazendo livremente em si o que chamamos o bem e o que chamamos o mal, humaniza em sentido profundo, porque faz viver" (Candido, 1995, p. 176).

8 Uma crítica ao uso ilimitado da noção de tolerância, sem contextualização do que deva concretamente ser tolerado ou não, já pode ser vista em Marcuse (1965).

Conclusões

O paradigma do purismo se desfez a partir dos anos 1970 em meio à modernização social almejada pelo projeto desenvolvimentista. Naquele momento, havia uma crença generalizada de que a industrialização, a urbanização moveria o país de uma situação de atraso para a modernidade, os trabalhadores ganhando direitos nas novas circunstâncias depois de emigrados do campo, rompidos os laços de coronelismo arcaico que os controlavam. A literatura, dentro da disciplina de Português, também foi arejada pela convivência com novas mídias e públicos, respondendo aos ventos de modernização.

Então, se pensarmos no percurso do literário na escola brasileira desde a República, a princípio tendemos a identificar que um processo democratizante foi efetivado. Não é difícil apontar o elitismo da perspectiva do purismo linguístico, criticar o uso do cânone literário como estratégia de grupos para impor uma diferença hierarquizante por meio de um padrão linguístico e cultural. Podemos dizer que, com a BNCC, superamos um uso da literatura como forma de cultivar um modelo vernáculo que excluía a maior parte da população alheia à escola e à cultura bacharelesca, que alcançamos uma perspectiva inclusiva que toma a literatura como uma forma de expressão, entre outras, da diversidade linguística e cultural. Mas também podemos ler essa inclusão como efeito deletério de outra ordem.

No início dos anos 1990, Roberto Schwarz resenhava "O colapso da civilização", de Robert Kurz, para fazer o balanço histórico dessa estratégia desenvolvimentista que imantou generais da ditadura e revolucionários marxistas. Ela tinha sido apanhada pelo contrapé da História, superada pelo aumento da produtividade obtido pela aliança entre ciência, tecnologia e capital que tornou a mercadoria trabalho menos demandada. Nossa mão de obra barata já não seria tão mais decisiva para atrair investimentos, gerando frustração numa população que, em busca de mobilidade social, se amontoou em favelas urbanas: "Depois de lutar contra a exploração capitalista, os trabalhadores deverão se debater contra a falta dela, que pode não ser melhor" (Schwarz, 1999, p. 184).

Vivemos esses anunciados tempos, como sabemos. Na esteira das modificações impostas pelo neoliberalismo, uma responsabilização do sujeito pela gestão empresarial de sua vida ganhou força diante da inovação constante da ordem produtiva. O mundo se tornou global para os mercados que criaram uma ordem jurídica internacional que impõe derrotas à soberania nacional, sem grandes resistências por parte dos "interesses nacionais" também. Lançados cada um à sua própria sorte, resta à educação ser vendida como instância redentora das desigualdades, oferecendo itinerários para os sujeitos livremente se constituírem como empreendedores de si.

Em meio à selva da concorrência, a perspectiva "enunciativo-comunicativa" de língua advogada pela BNCC veste as roupas da inclusão linguística e cultural. Pelo discurso da defesa da diversidade, somos levados a praticar a tolerância, contrapor-nos aos discursos de ódio, a humanizarmo-nos por meio da fruição de literatura.

A abertura para a diferença nos lançaria num mundo antípoda àquele da exclusão purista? Aparentemente. Pois, se antes a educação literária era para poucos que assim se distinguiam da massa, agora ela é para todos: um componente a mais da geleia geral a ser aprendida pelos estudantes de modo a se sentirem incluídos no processo de fazer por si mesmos a diferença.

REFERÊNCIAS

AMORIM, Marcel Alvaro de; SOUTO, Victor Alexandre Garcia. A ressignificação da leitura literária e do leitor-fruidor na BNCC: uma abordagem dialógica. *Bakhtiniana. Revista de Estudos do Discurso*, v. 15, n. 4, p. 98-121, 2020. Disponível em: https://revistas.pucsp.br/index.php/bakhtiniana/article/view/47715. Acesso em: 11 jun. 2023.

BAKHTIN, Mikhail (Volochínov). *Marxismo e filosofia da linguagem*. 14. ed. São Paulo: Hucitec, 2010.

BRASIL. Ministério da Educação. *Parâmetros Curriculares Nacionais*: terceiro e quarto ciclos: Língua Portuguesa. Brasília: MECSEF, 1998.

BRASIL. Ministério da Educação. Secretaria de Educação Média e Tecnológica. *Parâmetros curriculares nacionais*: Ensino Médio. Brasília: MEC/SEMTEC, 1999.

BRASIL. Ministério da Educação. *Complemento aos Parâmetros Curriculares Nacionais*. Brasília: Secretaria de Educação Básica, 2002.

BRASIL. Ministério da Educação: Secretaria de Educação Básica. *Orientações Curriculares para o Ensino Médio*: Linguagens, códigos e suas tecnologias. Volume 1. Brasília, 2006.

BRASIL. Ministério da Educação. *Base Nacional Comum Curricular*. Brasília, 2018.

CANDIDO, Antonio. O direito à Literatura. *In*: CANDIDO, Antonio. *Vários escritos*. São Paulo: Duas Cidades, 1995. p. 235-263.

CECHINEL, A. Semiformação Literária: a instrumentalização da literatura na nova BNCC. *Educação & Realidade*, v. 44, n. 4, p. 1-13, 2019. Disponível em: https://seer.ufrgs.br/index.php/educacaoerealidade/article/view/86216. Acesso em: 6 maio 2023.

DURÃO, Fabio Akcelrud; CECHINEL, André. *Ensinando literatura*: a sala de ala como acontecimento. São Paulo. Parábola, 2022.

LAET, Carlos de; BARRETO, Fausto. *Antologia nacional ou Coleção de excertos dos principais escritores da língua portuguesa do 20º ao 16º século*. 14. ed. São Paulo: Livraria Francisco Alves, 1929.

LAVAL, Christian. *A escola não é uma empresa*: neoliberalismo em ataque ao ensino público. São Paulo: Boitempo, 2019.

LINS, Osman. *Do ideal e da glória*: problemas inculturais brasileiros. 2. ed. São Paulo: Sumus Editorial, 1977.

MARCUSE, Herbert. Crítica da tolerância repressiva. *In*: MARCUSE, Herbert. *Crítica da tolerância pura*. Rio de Janeiro: Zahar Editores, 1970. p. 87-126.

MOTA, Rildo José Cosson. Tal BNCC, qual ensino de literatura? *Revista Entrelaces*, Fortaleza, v. 12, n. 24, p. 34-52, abr./jun. 2021. Disponível em: http://www.periodicos.ufc.br/entrelaces/article/view/62680. Acesso em: 5 maio 2024.

ORTIZ, Renato. *Universalismo e diversidade*: contradições da modernidade-mundo. São Paulo: Boitempo, 2015.

OSAKABE, Haquira; FREDERICO, Enid Yatsuda. PCNEM Literatura: análise crítica. *In*: *Orientações Curriculares do Ensino Médio*. MEC/SEB/Departamento de Políticas de Ensino Médio. Brasília: 2004. p. 60-82.

PERRONE-MOISÉS, Leyla. Literatura para todos. *Literatura e Sociedade*, [*S. l.*], v. 11, n. 9, p. 16-29, 2006. Disponível em: https://www.revistas.usp.br/ls/article/view/19709. Acesso em: 9 jun. 2023.

RAZZINI, Marcia de Paula Gregório. *O espelho da nação*: a antologia nacional e o ensino de português e de literatura (1838-1971). 2000. 248f. Tese (Doutorado em Letras) — Instituto de Estudos da Linguagem, Universidade Estadual de Campinas, Campinas, 2000. Disponível em: https://www.unicamp.br/iel/memoria/projetos/tese21.html. Acesso em: 10 mar. 2023.

SCHWARZ, Roberto. *Sequências brasileiras*. São Paulo: Companhia das Letras, 1999.

SEGABINAZI, Daniela Maria. Orientações e diretrizes para o ensino e a formação do professor de literatura. *Diadorim*, Rio de Janeiro, v. 1, n. 18, p. 58-76, jan./jun. 2016. Disponível em: https://doi.org/10.35520/diadorim.2016.v18n1a4733. Acesso em: 18 mar. 2023.

SIMÕES, Luciene; COSSON, Rildo. From grammar to socio-interactionism: L1 Education in Brazil. *In*: GREEN, Bill; ERIXON, Per-Olof (ed.). *Rethinking L1 Education in a Global Era*. New York: Springer, 2020. p. 39-60.

SOARES, Magda. Português na escola: história de uma disciplina curricular. *In*: BAGNO, Marcos (org.). *Linguística da norma*. São Paulo: Edições Loyola, 2004. p. 155-177.

ZILBERMAN, Regina. *A leitura e o ensino da literatura*. São Paulo: Contexto, 1991.

SOBRE AS AUTORAS E OS AUTORES

ALINE CASSOL DAGA CAVALHEIRO

Graduada em Letras - Língua Portuguesa e Literaturas de Língua Portuguesa, mestre e doutora em Linguística pela Universidade Federal de Santa Catarina (UFSC), na área de Linguística Aplicada. É professora da Universidade Federal da Fronteira Sul (UFFS), onde atua como docente em cursos de graduação e no Programa de Pós-Graduação em Estudos Linguísticos. É líder do Grupo de Estudos e Pesquisas Escola de Vigotski (GEPEVI/UFFS) e membro do Núcleo de Estudos em Linguística Aplicada (NELA/UFSC), do Grupo de Pesquisa Lingua(gem), discurso e subjetividade (UFFS) e do Grupo de Estudos e Pesquisas em Educação Linguística (Gepel/FURG-UFSC).

AMANDA MACHADO CHRAIM

Doutora em Linguística Aplicada pela Universidade Federal de Santa Catarina e membro do Grupo de Estudos e Pesquisas em Educação Linguística (Gepel).

CELDON FRITZEN

Possui graduação em Letras pela Universidade Federal de Santa Catarina (1990), mestrado em Letras pela Universidade Federal de Santa Catarina (1993) e doutorado em Teoria e História Literária pela Universidade Estadual de Campinas (2000). Atualmente é professor associado da Universidade Federal de Santa Catarina na área de Literatura Portuguesa e atua no Mestrado Profissional em Letras.

FRANCISCO JOSÉ CARVALHO MAZZEU

Possui graduação em Pedagogia pela Universidade Federal de São Carlos (UFSCar), mestrado em Metodologia do Ensino e doutorado em Fundamentos da Educação, também pela UFSCar (1999). É livre-docente em Fundamentos da Alfabetização pela Universidade Estadual Paulista (UNESP), onde atua como professor-associado no Departamento de Educação e como docente no Programa de Pós-Graduação em Educação Escolar da Faculdade de Ciências e Letras (FCL), *campus* de Araraquara. Coordena o Programa de Educação de Jovens e Adultos (PEJA — FCL/Ar). Tem coordenado, desde 2009, projetos locais no âmbito do PIBID e Residência Pedagógica, com financiamento da Capes. Desenvolve e orienta pesquisas fundamentadas na Teoria da Enunciação, na Psicologia Histórico-Cultural e na Pedagogia Histórico-Crítica.

JÚLIA STUDART

Professora da Escola de Letras, da Universidade Federal do Estado do Rio de Janeiro (UNIRIO). Publicou "Arquivo debilitado" (Dobra, 2012), "Logomaquia" (7Letras, 2015), "O dançarino subtil" (Caminho/Leya, 2016), "Avião de Alumínio" (Quelônio, 2018, com Manoel Ricardo de Lima e Mayra Redin), entre outros.

LARISSA MALU DOS SANTOS

Formada em Letras-Português pela Universidade Federal de Santa Catarina (UFSC) e mestra em Linguística Aplicada pelo Programa de Pós-Graduação em Linguística da UFSC. Atualmente, é doutoranda em Linguística Aplicada pelo mesmo Programa e atua como professora de Língua Portuguesa na Rede Estadual de Santa Catarina.

MANOEL RICARDO DE LIMA

Professor do Programa de Pós-Graduação em Memória Social e da Escola de Letras da Universidade Federal do Estado do Rio de Janeiro (UNIRIO). Pesquisador Produtividade CNPq, PQ-2. Publicou, entre outros, "A guerra da água" (7Letras, 2022); "Xenofonte" (Cultura e Barbárie, 2021); "O método da exaustão" (Garupa Edições, 2020); "Pasolini: retratações" (7Letras, 2019, com Davi Pessoa); "Avião de alumínio" (Quelônio, 2018, com Júlia Studart e Mayra Redin) e "Maria quer o mundo" (Edições SM, 2015, para crianças). Organizou, entre outros, "Uma pausa na luta" (Mórula Editora, 2020) e "Juventude, alegria" (Mórula Editora, 2021, com Davi Pessoa). Coordena a coleção "móbile", de miniensaios, desde 2006 (Lumme Editor); a coleção "diabo na aula" (Mórula Editora, com Carlos Augusto Lima) e coordenou a edição da poesia completa de Ruy Belo no Brasil (7Letras).

NEWTON DUARTE

Nasceu na cidade de São Paulo, graduou-se em Pedagogia pela Universidade Federal de São Carlos (UFSCar) em 1985, tendo concluído seu mestrado em Educação na mesma universidade, em 1987, e seu doutorado em Educação na Universidade Estadual de Campinas (UNICAMP) em 1992. É professor da Universidade Estadual Paulista (UNESP) desde 1988, e leciona no *campus* de Araraquara, onde defendeu sua tese de livre-docência em 1999 e foi nomeado para o cargo de professor titular em 2009. Foi professor visitante na Universidade de Toronto, Canadá; na Universidade de Sussex, Brighton, Inglaterra e na Universidade Simon Fraser, Vancouver, Canadá. É líder do grupo de pesquisas Estudos Marxistas em Educação.

ROSÂNGELA PEDRALLI

Doutora em Linguística Aplicada pelo Programa de Pós-Graduação em Linguística da Universidade Federal de Santa Catarina (UFSC). Professora adjunta da mesma Universidade. Membro do Grupo de Estudos e Pesquisas em Educação Linguística (Gepel), do Grupo de Estudos e Pesquisas Escola de Vigotski (GEPEVI) e do Núcleo de Estudos em Linguística Aplicada (NELA).

SABATHA CATOIA DIAS

Formada em Letras-Português pela Universidade Federal de Santa Catarina (UFSC), com mestrado e doutorado em Linguística Aplicada pelo Programa de Pós-Graduação em Linguística da mesma Universidade. Atualmente, é professora adjunta do Instituto de Letras e Artes da Universidade Federal do Rio Grande (FURG), a nível de graduação e de pós-graduação. Líder do Grupo de Estudos e Pesquisas em Educação Linguística (Gepel).

1ª edição	maio 2024
impressão	eskenazi
papel miolo	pólen bold 90g/m^2
papel capa	cartão supremo 300g/m^2
tipografia	roboto e freight